WOK

WOK

INHALT

WARENKUNDE

Das Kochen mit dem Wok verdankt
seinen weltweiten Erfolg einem ebenso
einfachen wie überzeugenden Konzept:
frische Zutaten, kurze Garzeiten und
aromatische Gewürze. Ob vegetarisch,
mit Geflügel, Fleisch, Fisch oder
Meeresfrüchten – im Wok lassen sich
in Minutenschnelle unkomplizierte
und köstliche Gerichte zaubern. Wir
möchten Ihnen dieses faszinierende
Kochgerät vorstellen, das zum Inbegriff
der gesunden Küche geworden ist.

KOCHEN MIT DEM WOK

Kochgefäß setzte sich in ganz Asien und inzwischen auch in Europa durch.

Wir möchten Sie in diese jahrtausendealte Esskultur einführen, die Essen nicht alleine als bloße Notwendigkeit versteht, sondern immer auch in einem harmonischen Einklang von Körper, Geist und Seele sieht. Die Grundsätze der asiatischen Küche sind denkbar einfach: Wenn man gegessen hat, soll man sich wohlfühlen. Dies gelingt nur, wenn die Nahrung ausgewogen ist, d. h. die Zutaten besondere Grundanforderungen erfüllen. Diese sind:

· frische Lebensmittel der Saison
· kurze Garzeiten
· aromatische Gewürze

So vollendet wie die Kochkunst, so durchdacht sind die asiatischen Küchengeräte. Beginnen wir mit dem Wok, dieser großen Pfanne mit dem gewölbten Boden. Sie hat ein zeitloses Design, besteht aus unempfindlichem Material und ist sehr energiesparend einsetzbar. Letzteres

Kochen im Wok ist mehr als ein Blick in fremde Töpfe – Kochen im Wok ist ein Ausflug in die Kultur Asiens. Die Karriere des Woks begann bereits vor mehr als 3000 Jahren in China. Der Topf (so die Bedeutung von „Wok" in Kantonesisch) wurde entwickelt, um auf einer einzigen Feuerstelle schnell ein Essen zuzubereiten. Die Erfindung hat sich bewährt, und dieses vielseitige und äußerst ökonomische

war im alten China besonders wichtig, weil Brennholz knapp war.

Seit die asiatische Küche im Trend liegt, werden Woks in verschiedenen Größen, Formen und Materialien angeboten. Wenn Sie sich einen Wok zulegen möchten, sollten Sie beim Kauf ausprobieren, wie er in der Hand liegt. Es gibt Geräte mit zwei Griffen und Geräte mit einem langen Stiel. Beide lassen sich gleich gut handhaben.

Neben dem Wok an sich gibt es Zubehör, das Ihnen das Kochen und Zubereiten asiatischer Gerichte erleichtern soll. Die meisten Woks werden gleich im Set verkauft. Alles, was Sie darüber hinaus brauchen, können Sie im Asia-Shop, mittlerweile aber auch

in vielen anderen Geschäften, nachkaufen.

Metallgitter
Ein meist halbrundes Metallgitter gehört zur Grundausstattung jedes Woks. Es wird am oberen Wok-Rand eingehängt, so dass das ausgebackene Gargut auf ihm abtropfen und gleichzeitig warm gehalten werden kann.

Deckel
Ein Deckel gehört zum Basic-Zubehör des Woks. Meist aus Edelstahl, Aluminium oder hitzebeständigem Glas braucht man ihn vor allem zum Dämpfen.

Spatel oder Pfannenheber
Der Pfannenheber sieht aus wie eine kleine Schaufel mit hochgezogenem Rand. Die Unterkante des Metallblattes

ist leicht abgerundet, damit man beim Umrühren und Heben der Speisen im Wok nicht aneckt. Der Griff des Spatels ist relativ lang, aus Holz oder Kunststoff.

Sieblöffel und Bambussieb
Man unterscheidet zwei Arten von Sieben: Mit dem Sieblöffel, einem fein- bis grobmaschigen Drahtgeflecht mit Bambus- oder Holzstiel, heben Sie das Frittiergut aus dem Bratfett oder bewegen die Portionen im heißem Öl hin und her, um eine gleichmäßige Bräunung zu erzielen. Des Weiteren gibt es Bambussiebe in unterschiedlichen Größen mit und ohne Abtropfschale bzw. kleinere Drahtsiebe mit Stiel oder Bambusgriff.

Kochstäbchen
Kochstäbchen benutzt der echte Profi, um die Speisen

im Wok zu rühren. Sie sind länger als die normalen Essstäbchen, damit man den Boden des Woks erreichen kann, ohne sich die Finger zu verbrennen.

Bambuszange
Mit der Bambuszange kann man kleine Probebissen aus dem Wok nehmen oder fertig Gegartes problemlos herausholen. Die Zange eignet sich besonders für alle, die noch nicht so gut mit den Kochstäbchen umgehen können.

Wok-Bürste
Die Bürste ist ebenfalls ein nützliches und traditionelles Wok-Zubehör mit Mehrfachfunktion. Man verwendet sie, um sehr fein geschnittene Zutaten pfannenzurühren, da die feinen Bürstenenden dazu besser geeignet sind als der große Pfannenheber. Weiterhin reinigt man mit Hilfe der Bürste den Wok unter fließendem heißen Wasser. Die aus geschnittener Bambusfaser hergestellten Bürsten sollten niemals mit Spülmittel gesäubert und nach Gebrauch gut gespült an der Luft getrocknet werden.

Dämpfkorb
Das Dämpfen von Gemüse und Fisch ist in China die verbreitetste Garmethode. Die dafür in verschiedenen Größen verwendeten Bambuskörbchen werden geschlossen in einen mit kochendem Wasser gefüllten Wok gesetzt. Der aufsteigende Dampf strömt durch das Körbchen hindurch, ohne dass Wasser mit dem Gargut in Berührung kommt. Weil die Dämpfkörbchen nicht nur funktionell, sondern auch attraktiv sind, werden sie gerne zum Anrichten von Speisen genutzt.

Küchenbeil

Wer stilecht arbeiten und furchtlos ans Werk gehen will, sollte sich ein asiatisches Küchenbeil samt dazugehörigem Hackbrett zulegen. Solch ein Küchenbeil wird in der asiatischen Küche sehr vielseitig verwendet. Neben feinen und groben Schneidarbeiten kann damit auch filetiert, zerstoßen und Fleisch geklopft werden. Asiatische Köche besitzen in der Regel drei verschiedene Beile, die sich durch Gewicht und Verwendungszweck unterscheiden.

Hackbrett

In der asiatischen Küche werden runde Hartholzscheiben geschätzt, die im Ganzen aus einem Stamm geschnitten sind. Ideal sind die bei uns angebotenen schicht- oder stäbchenverleimten Bretter oder Blöcke.

ZUBEREITUNG UND VORBEREITUNG

In der asiatischen Küche wird großer Wert auf die Erhaltung von Farbe, Struktur, Duft und Geschmack der Speisen gelegt. Dazu müssen die einzelnen Zutaten harmonisch und ausgewogen zusammengestellt werden. Diese umfangreichen Vorbereitungen nehmen wesentlich mehr Zeit in Anspruch als das Kochen selbst. Das Kleinschneiden der Zutaten ist eine Art, die Garzeiten kurz zu halten.

Sinnvoll ist es auch, die Zutaten, die am schnellsten gar sind, größer zuzuschneiden als die, die länger garen müssen.

Zutaten mit unterschiedlichen Garzeiten können auch blanchiert oder vorgekocht werden, damit alles zusammen gar wird. Verschiedene Kräuter und Gewürze sollten angebraten werden, damit sie das Öl für die nächsten Zutaten aromatisieren.

11

GARMETHODEN

Pfannenrühren

Pfannenrühren ist die für den Wok bekannteste und beliebteste Zubereitungsart. Die Zutaten werden in sehr wenig, aber sehr heißem Öl erhitzt und dabei ständig hin und her bewegt. So werden sie in Minutenschnelle gegart, ohne dass natürlicher Geschmack, Vitamine und Nährstoffe verloren gehen. Fleisch wird von außen knusprig und kross, bleibt innen aber saftig. Gemüse bleibt knackig und bissfest. Weil das Pfannenrühren eine recht rasche Angelegenheit ist, ist es wichtig, dass Sie alle Zutaten vorher schon vorbereitet haben.

Schmoren

Beim Schmoren werden erst nur kleinere Mengen von Zutaten im Wok angeröstet bzw. scharf angebraten, schließlich mit Flüssigkeit (Wasser, gewürzte Brühe etc.) aufgegossen und bei geschlossenem Deckel geschmort. Diese Garmethode eignet sich vor allem für die Zubereitung von grobfaserigem Fleisch. Das Rotschmoren ist eine typisch chinesische Garmethode. Der Name kommt von dem hohen Anteil dunkler Flüssigkeit, wie z. B. Sojasauce, in der die Gerichte vor sich hinschmoren, nachdem sie kurz angebraten wurden.

Frittieren

Beim Frittieren werden die Zutaten – roh oder in Teig gehüllt – in heißem Öl ausgebacken. Beim Frittieren im Wok benötigt man längst nicht die Menge an Öl wie bei herkömmlichen Methoden. Achten Sie darauf, dass das Öl die richtige Temperatur hat bzw. heiß genug ist. Um das herauszufinden, tauchen Sie ein Holzstäbchen in das Öl. Steigen daran kleine Bläschen auf, können Sie mit dem Frittieren beginnen.

Dämpfen

Die klassischste Garmethode in China ist das Dämpfen. Dabei werden die Zutaten in die gewässerten Dämpfkörbchen gelegt, diese in einen Wok mit wenig Flüssigkeit gestellt und im Dampf gegart. Wichtig beim Dämpfen ist, dass Dämpfkorb und Gargut nicht mit der Flüssigkeit im Wok in Berührung kommen und dass der Wok während des Dämpfens gut verschlossen ist.

Kochen

Nicht umsonst nennt man den Wok ein Multitalent. Natürlich kann man mit ihm auch kochen. Suppen und Eintöpfe entstehen im Wok, indem die Zutaten erst kurz angebraten, dann mit Flüssigkeit angegossen werden und anschließend vor sich hinkochen können. Aufwendig, aber durchaus reizvoll ist die Zubereitung von Fleisch im Wok, das erst gekocht und danach angebraten wird. Das Fleisch erhält so innen einen zartschmelzenden Kern und außen entsteht eine knusprige Hülle.

Backen

Der Wok ist ein Alleskönner – und man kann in ihm auch backen. Der ursprüngliche Wok sieht aus wie eine Halbkugel, hat also einen gewölbten Boden. Die Böden der europäischen Wok-Varianten hingegen sind meist flach, um das Kochen auf herkömmlichen Elektroherden zu vereinfachen. Im Wok gebacken werden beispielsweise kleine Pfannkuchen, Frühlingsrollenteig und kleine gefüllte Teigtäschchen, wie z. B. Rotis, die – pikant gefüllt – in heißem Öl ausgebacken werden.

GEMÜSE IM WOK

Gemüse und Wok sind füreinander geschaffen. Denn im Wok kann das Gemüse in Minutenschnelle gegart werden, ohne dass seine natürlichen Aromen, Vitamine und Nährstoffe verloren gehen. Das Gemüse bleibt knackig und reich an Geschmack und erfüllt damit die Grundforderung der asiatischen Küche nach Frische und Einfachheit.

Zur asiatischen Küche gehören einige exotische Gemüsesorten, die den Reiz der Gemüsegerichte aus dem Wok ausmachen. Aus Thailand kommen die weißen Auberginen, aus China der Paksoi, ein Senfkohl, der in seinem milden Aroma dem Chinakohl gleicht. Die Okraschoten sind die länglichen, unreifen Früchte der Rosenpappel, die Wasserkastanien die dunkelbraunen, knollenartigen Früchte einer Wasserpflanze, die mit Nüssen allerdings keine Gemeinsamkeit teilen, außer, dass man sie schälen muss. Dafür sind Bittergurke und Schlangenbohnen den hier bekannten Gemüsesorten

ähnlich. Schlangenbohnen sind ca. 30 cm lang und eignen sich hervorragend für den Wok. Im Notfall können sie durch grüne Bohnen ersetzt werden. Exotisch ist wiederum die Lotoswurzel, die man frisch oder eingelegt kaufen kann.

In den Wok gehören unbedingt auch die asiatischen Pilzsorten, wie Austern-, Stroh-, Shiitake-, Mu-Err- oder Nameko-Pilze. Strohpilze sind chinesische Zuchtpilze mit einem zarten Pilzaroma. Sie sind kugelförmig, haben einen grau-schwarzen Hut und cremefarbene Lamellen. Der Shiitake-Pilz ist dagegen ein sehr würziger Baumpilz, der in vielen Gerichten zum Würzen benutzt wird und dem in den asiatischen Ländern Heilkraft nachgesagt wird. Weil die Mu-Err-Pilze wie Ohren aussehen, nennt man sie auch Wolkenohr-Pilze. Nameko-Pilze sind chinesische Stockschwämmchen. Alle Pilzsorten sind frisch nicht immer erhältlich, jedoch auf jeden Fall in getrockneter Form.

Gemüse kann man je nach Belieben in Stücke, Scheiben oder Streifen schneiden. Besonders feste Gemüsesorten, wie Karotten, Gurken, Sellerie oder Rettich, lassen sich mit dem Gemüsehobel in gleichmäßige Scheiben zerteilen. Für sehr dünne Scheiben kann man auch den Sparschäler verwenden. Blattgemüse sollte in breitere Streifen von ca. 3 cm geschnitten werden, da es schnell zusammenfällt. Der Fantasie sind dabei keine Grenzen gesetzt. Sehr dekorativ wirkt es, wenn das Gemüse schräg in Scheiben oder Streifen geschnitten wird.

REIS – GESCHENK DER GÖTTER

lässt er sich ziemlich schnell und abwechslungsreich zubereiten und macht satt, ohne den Magen zu belasten. Die etwa 8 000 verschiedenen Reissorten lassen sich nach drei äußeren Formen unterscheiden: Langkorn – Mittelkorn – Rundkorn.

Langkornreis hat, wie der Name besagt, ein langes, schmales, ziemlich hartes Korn. Beim Kochen wird es schön trocken und bleibt körnig. Die bekannteste Sorte ist der Patna-Reis, der als Natur- und Parboiled-Reis im Handel ist. Letzterer behält durch ein besonderes Verfahren die Nährstoffe, die bei der Veredelung wie Schleifen und Polieren normalerweise verloren gehen. Eine besondere asiatische Köstlichkeit ist der Basmati- oder Duftreis: eine Spezialität, die einem schon beim Kochen das Wasser im Mund zusammenlaufen lässt! Mittel- und Rundkornreis haben neben dem rundlichen Aussehen auch ein weicheres Innenleben als das lange Korn. Überall in Asien, wo mit Stäbchen gegessen wird,

Reis essen bedeutet für den Asiaten Essen schlechthin. Eine Mahlzeit ohne Reis ist gar nicht denkbar. An dieser ältesten Kulturpflanze muss schon etwas Besonderes dran sein, dass sie fast die Hälfte der Weltbevölkerung zu ihrem Grundnahrungsmittel gemacht hat. Reis ist die ideale Ergänzung zu den gut gewürzten asiatischen Fleisch-, Fisch- und Gemüsespeisen. In der blumigen Sprache des Ostens ausgedrückt heißt es

„… der Reis geleitet die anderen Speisen auf angenehme Art in den Magen …".

Seit einiger Zeit wird auch bei uns dem Reis etwas mehr Aufmerksamkeit gewidmet. Man hat nämlich erkannt, welche lebenswichtigen Stoffe in den kleinen Körnchen stecken: Vitamine, Mineralstoffe, Kohlenhydrate, Spurenelemente, Ballaststoffe und viel hochwertiges, leicht verdauliches Eiweiß. Außerdem bevorzugt man weißen Rundkornreis. Die Gründe liegen auf der Hand bzw. auf dem Stäbchen. Die Körner sind nach dem Kochen zwar trocken und locker, hängen aber etwas zusammen, so dass sie mit den Esswerkzeugen problemlos aufgenommen werden können. Übrigens ist Reiskochen längst nicht so schwierig, wie es den Anschein hat. Wir kochen ihn auf chinesische Art, das gelingt immer und geht so: Zwei Tassen Reis werden trocken in einem Topf verteilt. Darüber gießen Sie drei Tassen Wasser. Je nach

Geschmack salzen. Das Ganze einmal aufkochen und bei schwacher Hitze so lange garen, bis das ganze Wasser in den Reis eingezogen ist. Das Resultat sind fünf Tassen gekochter Reis.

Für Japaner ist Reis nicht nur Hauptnahrungsmittel, sondern Essen und Kultur in einem. Die Körnchen waren einst so wertvoll, dass der Besitz des „weißen Goldes" als Maßstab für Reichtum schlechthin galt. Sogar die kriegerischen Samurai ließen sich in frisch geerntetem Reis auszahlen.

Leute, die es vom Land in die Stadt verschlagen hat, lassen sich bis heute noch ein Säckchen frisch geernteten Reis aus der Heimat schicken. Junger Reis schmeckt so intensiv nach Erde, Luft, Sonne und Wasser, dass er auf keinen Fall durch Zutaten, die von diesem Geschmack ablenken, verdorben werden darf. Diese Logik der japanischen Küche ist für Europäer nur schwer nachzuvollziehen, betrachten wir doch Reis im Allgemeinen als zwar schmackhaften, aber mehr oder weniger notwendigen Füllstoff.

NUDELN – EINE PORTION GLÜCK

Nudeln verheißen ein langes Leben und machen glücklich. Dies besagt eine alte chinesische Weisheit, die überall in Asien bekannt ist. Es verwundert also nicht, dass es die verschiedensten Sorten von Nudeln gibt, die Grundlage einer ganzen Bandbreite von Gerichten sind und auch optisch für Abwechslung sorgen. Nudeln sind in der asiatischen Küche ebenso beliebt wie Reis. In einigen Gebieten sind sie sogar Grundnahrungsmittel. Allerdings konnten sie auch dort den Reis nicht ganz verdrängen und werden teilweise aus Reismehl gemacht.

Glasnudeln beispielsweise werden aus Sojabohnenmehl hergestellt und bleiben auch nach dem Einweichen transparent. Sie werden mit heißer Flüssigkeit übergossen und benötigen nur eine Quell-, aber keine besondere Garzeit. Sie können in der Zwischenzeit alle anderen Zutaten fertig garen und zuletzt die gut abgetropften Nudeln unterheben. Der neutrale Geschmack dieser Nudeln verbindet sich perfekt mit allen Gewürzen.

Reisnudeln sind getrocknet, fast transparent und werden im Gegensatz zu den Glasnudeln nach dem Einweichen schneeweiß. Wie der Name schon sagt, werden diese Nudeln aus Reismehl produziert und haben einen dem Reis ähnlichen zarten Geschmack. Reisnudeln gibt es in verschiedenen Breiten von ganz fein bis zu breiten Bandnudeln. Werden sie in getrocknetem Zustand

kurz frittiert, sehen sie besonders dekorativ aus.

In der Thai-Küche schätzt man außerdem auch Eiernudeln, die den europäischen Nudeln am ähnlichsten sind. Der einzige Unterschied besteht darin, dass in Thailand anstelle von Hühnereiern Gänse- oder Enteneier verwendet werden. Zudem bekommen auch diese im Grunde ganz alltäglichen Zutaten durch einen Hauch getrockneter Garnelen oder Algen einen ganz besonderen Duft.

Sowohl Eier- als auch Weizennudeln gibt es in Asiashops in reicher Auswahl und in allen Größen bzw. Breiten. Meistens sind die Nudeln vorgekocht, so dass sie nur noch eingeweicht oder kurz mit kochendem Wasser übergossen werden müssen. In ausgewählten, besonders gut sortierten Asiashops werden sie hin und wieder auch frisch angeboten. Dieses kulinarische Erlebnis sollten Sie sich dann auf keinen Fall entgehen lassen.

FLEISCH UND GEFLÜGEL IM WOK

Durch die besondere Zubereitung im Wok werden Fleisch und Geflügel außen knusprigbraun und kross, während sie innen saftig und zart bleiben. Mit wenig Fett bei großer Hitze angebraten, gibt es keine gesündere und schnellere Art, Fleisch und Geflügel zuzubereiten. Weil beim Kochen mit dem Wok alles blitzschnell geht, müssen Fleisch und Geflügel vor dem Garen vorbereitet werden. Rind- und Schweinefleisch lassen sich am besten in feine Streifen und Lammfleisch in Würfel schneiden. Huhn oder Ente werden geschnetzelt.

In der Regel wird zuerst das Fleisch in wenig, sehr heißem Pflanzenöl kurz und scharf angebraten, dabei brauchen die verschiedenen Fleisch-

sorten unterschiedlich lange, um gar zu werden. Mageres Hühnerfleisch ist schneller durch als Rind- oder Schweinefleisch. Beim Braten wird das Fleisch ständig gewendet und bewegt. Nach wenigen Minuten ist das Fleisch fertig und kann aus dem Wok herausgenommen und beiseitegelegt werden. Danach wird das Gemüse und alle weiteren Zutaten nach und nach angebraten. Zum Schluss wird das Fleisch wieder hinzugegeben, alle Zutaten werden gut durchmischt und nochmals kurz erhitzt.

Der Genuss kann noch gesteigert werden, wenn das Fleisch vor dem Garen mariniert wird. Dazu legt man das klein geschnittene Fleisch in typische asiatische

Saucen ein, die vorher mit Kräutern und Gewürzen angereichert wurden. Insbesondere Rindfleisch wird durch das Marinieren zarter und schmackhafter. Jede Fleischsorte harmoniert mit bestimmten Gewürzen, Kräutern und Gemüsen. Zum Huhn mit seinem milden Geschmack passen besonders die süßlichen Aromen, während Ente kräftig gewürzt werden sollte. Schweinefleisch ist ausgesprochen vielseitig kombinierbar und lässt sich für einfachelegante und für raffinierte Rezepte verwenden. Auch Lammfleisch, das einen prägnanten Eigengeschmack besitzt, verträgt sich sowohl mit exotischen Aromen als auch mit milden Gemüsesorten.

FISCH UND MEERESFRÜCHTE

Die Länder Asiens sind vom Meer umgeben, deshalb spielen Fisch und Meeresfrüchte in der asiatischen Küche traditionell eine große Rolle. Für das Kochen im Wok eignen sich alle Meeres- und Flussfische sowie Muscheln, Garnelen, Hummer und Krebse und ganz besonders Tintenfische. Der Fisch wird vor dem Garen in mundgerechte Stücke geschnitten, kann aber auch im Ganzen gebraten werden.

Wenn Fischgerichte mit Gemüse kombiniert werden, beginnt man beim Garen mit dem Gemüse, da die meisten Gemüsesorten eine längere Garzeit haben als Fisch. So verhindert man, dass der Fisch zerfällt. Grundsätzlich passen zu Fisch und Meeresfrüchten sowohl scharfe Gewürze als auch süß-saure Aromen sowie Gemüse oder exotische Früchte, so z. B. Ananas oder Mango.

Für die Tintenfische gibt es einen Trick, der das manchmal etwas zähe Fleisch zart werden lässt. Man schneidet die Tuben auf, legt sie mit der Innenseite auf die Arbeitsfläche und ritzt die Außenseite mit einem scharfen Messer rautenförmig ein. Beim Garen springen dann die Tintenfischstücke auf, was zudem sehr dekorativ aussieht.

Garnelen, die auch Shrimps, Crevetten oder Gambas genannt werden, kommen in vielen Arten in allen Weltmeeren vor. In der asiatischen Küche finden vor allem Tigerprawns oder Riesengarnelen Verwendung,

21

die in den subtropischen Gewässern des Indischen und Pazifischen Ozeans heimisch sind. Garnelen werden von der Unterseite her aus der Schale gelöst. Der Rücken wird mit einem Messer eingeritzt, um den schwarzen Darm zu entfernen.

Mariniert man die Fischstücke vor dem Garen, werden sie besonders schmackhaft. Als Marinade kann man typische asiatische Saucen, wie Fisch-, Austern-, Soja- oder Hoisin-Sauce, verwenden; auch Reiswein eignet sich dafür. Ihre besondere Note erhält die Marinade durch exotische Kräuter und Ge-

würze wie Zitronengras, Chilischoten und Ingwer oder auch Honig, die den besonderen Charme der asiatischen Küche ausmachen.

Jakobsmuscheln haben ein wunderbar zartes Fleisch. Am besten kauft man sie in Schale und öffnet sie selbst. Dazu muss man die Muschel mit der flachen Seite nach oben gut festhalten, mit einem Messer vorsichtig zwischen die Schalen fahren und den Muskel durchtrennen. Dann kann man das graue Mantelfleisch abziehen und wegwerfen, der rote Corail (Rogen) wird abgelöst und mitverwendet.

Muscheln unterliegen strengen Qualitätskontrollen und müssen unbedingt frisch sein. Beim Einkauf und bei der Vorbereitung sollten Sie darauf achten, dass die Schalen fest geschlossen sind bzw. sich sofort schließen, wenn man dagegen klopft. Geöffnete Exemplare müssen unbedingt aussortiert werden. Beim Garen öffnen sich die Muscheln; sollten sie dies nicht tun, müssen die noch geschlossenen Muscheln unbedingt weggeworfen werden.

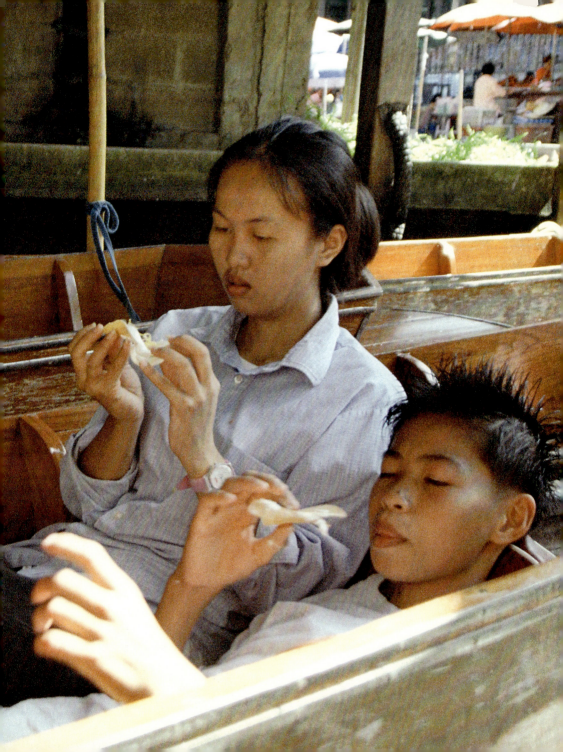

WARENKUNDE VON A–Z

Alfalfa-Sprossen
stammen von einer Futter-
pflanze, die auch Luzerne
genannt wird. (Abb. 1)

Austernsauce
ist eine dickflüssige,
braune Würzsauce. Sie ist
ziemlich salzig und sollte
sparsam dosiert werden.
(Abb. 2)

Bambussprossen
sind die jungen essbaren
Sprossen einer bestimmten
Bambusart. Sie haben einen
feinen, nussartigen Geschmack
und sind in der asiatischen
Küche als warme oder kalte
Gemüsebeilage sehr beliebt.

Bohnenquark,
bei uns besser bekannt
als Tofu, ist ein besonders
hochwertiges, pflanzliches

Nahrungsmittel aus gekochten Sojabohnen. Tofu ist reich
an leicht verdaulichem Eiweiß
(ca. 10–13 g pro 100 g),
Vitaminen und Mineralstof-
fen, enthält aber fast kein
Cholesterin. Er ist sehr vielseitig zuzubereiten. Seit
die asiatische Küche boomt,
wird Tofu auch bei uns in
verschiedenen Geschmacks-
richtungen angeboten –
von naturbelassen

(geschmacksneutral) bis kräftig gewürzt, geräuchert oder mariniert.

Bonito-Flocken oder -Pulver

werden aus getrocknetem Seefisch, vorwiegend Thunfisch, hergestellt.

Chilischoten

Chilis sind die Schoten der Pfefferpflanze Capsicum. Abhängig von ihrer Farbe – grün, gelb oder rot – sind sie schärfer oder milder. Darüber hinaus gilt: je kleiner, desto feuriger. Für die Schärfe sind vor allem die Samen verantwortlich. Entfernt man diese vor der Zubereitung, wird ihr Geschmack etwas abgemildert. (Abb. 3)

Curry

ist eine Gewürzmischung, die sich asiatische Hausfrauen je nach Geschmack bzw. Verwendungszweck mischen. Dabei wird immer darauf geachtet, dass sich die fünf Geschmacksrichtungen – süß, sauer, herb, mild, scharf – harmonisch ergänzen. Wenn Sie es stilecht machen wollen, sollten Sie die getrockneten Gewürze wie Kardamom, Kreuzkümmel, Kurkuma, Pfeffer, Zimt, Nelken, Chili und Muskatblüte kurz in einer Pfanne ohne Fett anrösten (Vorsicht, sie verbrennen leicht), abkühlen lassen und dann im Mörser zerreiben. In lichtgeschützten, gut verschlossenen Gläsern können Sie diese Mischung einige Zeit aufbewahren.

Curry-Pasten

sind die Basis vieler thailändischer Gerichte, die dadurch ihr typisches Aroma erhalten. Sie werden aus den unterschiedlichsten Gewürzen und Kräutern zusammengestellt und sind je nach Zusammensetzung mild oder scharf. Durch das Zerstoßen der Zutaten im Mörser entfaltet sich ihr volles Aroma.

Frühlingszwiebeln

sind milder als ihre gewöhnlichen großen und kleinen Schwestern. Außerdem bezieht sich „Frühling" auf das grüne, zarte Aussehen und nicht auf die Erntezeit. Die feinen Zwiebelchen bekommt man nämlich fast das ganze Jahr.

Fünf-Gewürz-Pulver

Je nach Land variiert die Zusammensetzung, sie basiert auf Fenchelsamen, Gewürznelken, Kardamom oder Pfeffer, Sternanis und Zimt.

Galgantwurzel

Die zu den Ingwergewächsen zählende Galgantwurzel wird genauso wie Ingwer vor der Verwendung geschält und dann in dünne Scheiben geschnitten oder fein gehackt. Galgant ähnelt zwar im Aroma dem Ingwer, ist jedoch weniger scharf.

Hoisin-Sauce

ist neben der Sojasauce die bekannteste Sauce der asiatischen – besonders der chinesischen – Küche. Sie wird auf der Grundlage von Sojabohnen nach einem traditionellen Grundrezept in verschiedenen Geschmacksrichtungen hergestellt.

Ingwer

ist das Leib- und Magengewürz der Asiaten. Schon der große Konfuzius verwendete bei den Mahlzeiten immer Ingwer, und er musste es schließlich wissen. Verdauungsfördernde und antibakterielle Wirkstoffe stecken in den gelbbraunen, bizarr geformten Wurzeln. Sie sollten nach Möglichkeit frisch verwendet werden, weil sie dann am besten ihr volles Aroma, von würzig bis scharf, entfalten.

Kaffir-Limette

Für ein Zitronenaroma verwendet die Thai-Küche die Schale und die Blätter der Kaffir-Limette. Die Schale wird fein gehackt in die Gerichte gegeben, die Blätter entweder im Ganzen mitgekocht und vor dem Servieren entfernt oder fein gehackt mitgegessen. (Abb. 4)

Kardamom

erinnert im Geschmack an Nelken und Zimt. Zum Würzen werden die Samen der schilfartigen Pflanze benutzt. Auch sie haben neben geschmacklichen ebenfalls medizinische Eigenschaften. (Abb. 5)

Kokosmilch

ist nicht die Flüssigkeit im Inneren der Nuss, sondern wird aus dem Fruchtfleisch gewonnen. Sie können sie selbst herstellen, indem Sie das Innere der Nuss fein raspeln und mit der gleichen Menge heißem Wasser über-

3

4

brühen. Das Ganze etwas stehen lassen und anschließend durch ein Tuch pressen. Sie können dazu auch getrocknete Flocken nehmen oder ungesüßte fertige Milch aus der Dose.

Koriander

Der auch „chinesische Petersilie" genannte Koriander hat aber mit diesem Kraut nur das Aussehen, nicht den Geschmack gemeinsam. In der asiatischen Küche wird die ganze Pflanze verwendet. Die aromatischen Blättchen, die nach Zimt und Muskat schmeckenden pfeffergroßen Samen (ganz oder gemahlen) und die Wurzeln. Die einjährige Pflanze wächst problemlos in jedem Gemüsegarten. (Abb. 6)

Kreuzkümmel

sieht etwa wie unsere einheimischen Kümmelkörnchen aus und hat auch eine ähnliche, verdauungsfördernde Wirkung. Allerdings ist der Geschmack ein ganz anderer, so dass dieses Gewürz nicht beliebig austauschbar ist. Wenn Sie wissen möchten, wie Kreuzkümmel schmeckt, probieren Sie einen Magenbitter, darin findet er bei uns nämlich hauptsächlich Verwendung.

Kurkuma

wird auch Gelbwurz genannt. Es gibt dem Curry seine typisch gelbe Farbe und schmeckt mild pfeffrig und leicht bitter.

Mirin

ist ein leicht gesüßter Reiswein. Er lässt sich gut durch trockenen Sherry ersetzen.

Miso

ist eine Würzpaste aus Reis, Sojakeimen oder Gerste und Sojabohnen, die es in vielen Sorten gibt.

Mu-Err-Pilze,

aufgrund ihres Äußeren auch als Wolkenohr-Pilze bekannt, sind meist getrocknet und müssen daher vor der Zubereitung in Wasser eingeweicht werden.

Muskatnuss und Muskatblüte

sind Gewürze des gleichen Baumes. Die Nuss hat die Größe einer Walnuss und wird von der Blüte oder Macis umhüllt. Frisch gerieben entfaltet die Muskatnuss ihr herb bitteres Aroma. Die Muskatblüte kann im Ganzen oder grob gebrochen mitgekocht werden, sollte aber vor dem Servieren entfernt werden. (Abb. 7)

Nam Prik

ist ein burmesischer Sambal. Die Paste besteht vor allem aus Chilis, Knoblauch, Schalotten sowie Shrimps- oder Garnelenpaste.

Palmzucker

Mit Palmzucker schmeckt man nicht nur Süßspeisen, sondern ebenso salzige Speisen ab. Sie bekommen ihn in Stücke gepresst, können ihn notfalls aber auch durch braunen Zucker ersetzen.

Piment

Die Samen des Nelkenpfefferbaumes, die geschmacklich zwischen Nelken- und Pfefferkörnern liegen, heißen Piment und sollten entweder im Ganzen oder frisch zerdrückt verwendet werden. Piment ist bei uns auch als Gewürzkorn bekannt und verfeinert,

zusammen mit Lorbeerblättern, den Kochsud für Fisch und Fleisch. (Abb. 8)

Rau Om

ist eine Staudenpflanze, deren Blätter aromatisch, leicht süßlich und nach Kreuzkümmel schmecken. Rau Om ist in der thailändischen und vietnamesischen Küche sehr beliebt.

Safran

wird aus den Staubgefäßen einer Krokusart gewonnen und ist ein sehr teures Gewürz.

Sambal oelek

ist eine höllisch scharfe Gewürzpaste aus Chilischoten, die vorsichtig dosiert werden sollte. (Abb.9)

Sesamöl,

eine sehr aromatische Essenz, wird aus ungerösteten Kör-

nern (hell) zum Braten und aus gerösteten Körnern (dunkel) zum Würzen verwendet.

Shiitake-Pilze

sind Zuchtpilze aus Japan. Sie sind aromatisch, verursachen wenig Abfall, sind zum Einfrieren und Trocknen geeignet und vor allem nicht mit Schadstoffen belastet.

Sojasauce,

die unentbehrliche Sauce der asiatischen Küche, gibt es in vielen Geschmacksrichtungen und zwei Sorten – hell und dunkel. Die helle Sauce ist mild im Geschmack und soll die Speisen aromatisieren. Die dunkle Sauce ist kräftiger, dickflüssiger und salzt die Gerichte zusätzlich.

7

8

Stäbchen

sind in vielen asiatischen Ländern die „Esswerkzeuge". Lediglich in Ländern, in denen der chinesische Einfluss nicht so stark ist, wie in Thailand, Indonesien, Malaysia oder auf den Philippinen, wird hauptsächlich mit dem Löffel, hin und wieder mit Löffel und Gabel oder einfach mit den Fingern gegessen. Dabei ist Stäbchen nicht gleich Stäbchen. Aber unabhängig von Größe und Aussehen erreichen alle ein Ziel: Man konzentriert sich auf die Speisen, isst langsam, genießt und verdaut gut.

Sternanis

sieht aus wie ein Stern und schmeckt nach Anis. Er lässt sich auch durch Anis- oder Fenchelkörner ersetzen.

9

10

Tamarinde
ist eine säuerliche Dattel,
aus der Sauce, Paste oder
Mus hergestellt wird.
(Abb. 10)

Tempura-Mehl
ist ein besonders feines
Mehl, das für den typischen
Ausbackteig verwendet wird.

Thai-Basilikum
hat mit unserem Basilikum
kaum etwas gemeinsam.
Seine Blätter sind fester
und sein herber Geschmack
erinnert an Anis. (Abb. 11)

Thai- Schnittknoblauch,
auch Thai-Soi genannt, ist
aus der thailändischen Küche
nicht wegzudenken. Sein
Geruch gleicht dem von
Schnittlauch, das Aroma
erinnert an Knoblauch.
(Abb. 12)

Tofu
siehe Bohnenquark.

Wan-Tan-Blätter
sind dünne Blätter aus
Reismehl.

Wasserkastanien,
auch Wassernüsse genannt,
sind die dunkelbraunen,
knollenartigen Früchte
einer Wasserpflanze. Bei
uns werden Wasserkasta-
nien nur als Konserve an-
geboten. Sie lassen sich
durch Bambusstücke er-
setzen.

Zitronengras
ist ein mehrjähriges duftendes
Gras, dessen Stängel einen
feinen Zitronengeschmack
haben, der sich beim Trocknen
ein wenig verliert. Bei uns
ist es in Spezialgeschäften
hin und wieder frisch, meistens aber getrocknet am Stück
bzw. seit kurzer Zeit auch gemahlen zu bekommen. Wenn
Sie es nicht finden sollten,
nehmen Sie fein abgeriebene
Zitronenschale.

Zuckererbsen
sind sehr kleine, hellgrüne
Schoten mit süßlich schmeckenden Erbsen. Sie lassen
sich leicht in jedem Gemüsegarten heranziehen, müssen
allerdings rechtzeitig
gepflückt werden. Bleiben
sie länger hängen, verlieren
sie ihr zartes Aroma und
eignen sich nicht mehr zum
Essen im Ganzen.

SUPPEN

Suppen stellen in Asien ein wahres Potpourri fernöstlicher Köstlichkeiten dar. Selbst bei einer noch so einfachen Brühe werden die verschiedenen Geschmacksnoten nach traditionellen Überlieferungen harmonisch aufeinander abgestimmt.

FISCHSUPPE MIT TOFU

FÜR 4 PORTIONEN

600 g Schollenfilet

1 Salatgurke

3–4 El Sesamöl

100 g Zwiebel-Knoblauch-Mischung (TK)

1 Packung 8-Kräuter-Mischung (TK)

1 l Fischfond (FP)

½ Würfel Krebs-suppenpaste (FP)

2–3 El Sojasauce

2 cl Anisschnaps

200 g Tofu

ZUBEREITUNGSZEIT:

ca. 35 Minuten

306 kcal/1285 kJ

1 Das Fischfilet waschen, trocknen und in kleine Würfel schneiden. Die Gurke schälen, der Länge nach halbieren und die Kerne entfernen. Die Gurke in Dreiecke schneiden.

2 Das Öl im Wok erhitzen und die Fischwürfel zusammen mit den Gurkenwürfeln 2–3 Minuten darin braten. Die Zwiebel- und die 8-Kräuter-Mischung dazugeben.

3 Den Fond angießen und die Krebspaste in die Suppe bröseln. Unter Rühren auflösen lassen. Die Suppe mit der Sojasauce und dem Anisschnaps würzen. Das Ganze ca. 10 Minuten bei milder Hitze garen. Den Tofu in kleine Würfel schneiden und 3 Minuten vor Ende der Garzeit dazugeben. Die Suppe in Schälchen anrichten und servieren.

INFO!

Schollen können bis zu 1 m lang werden. In den Handel kommen jedoch nur Exemplare, die höchstens halb so groß sind. Die jüngsten und kleinsten Schollen, die so genannten Maischollen, sind am feinsten und zartesten.

SAUERAMPFERSUPPE

1 Den Sauerampfer waschen, trocknen und grob hacken. Die Datteln klein schneiden. Die Palmherzen abgießen und in kleine Stücke schneiden.

2 Das Öl im Wok erhitzen und den Sauerampfer mit den Datteln und den Palmherzen darin kurz anbraten.

3 Den Gemüsefond angießen und mit Salz, Pfeffer, Ingwer- und Nelkenpulver würzen.

4 Die Bohnenpaste dazugeben und alles ca. 10 Minuten köcheln lassen. Die Kokosmilch dazugießen und weitere 1–2 Minuten unter Rühren kochen lassen.

5 Sesam in einer Pfanne ohne Fett rösten. Die Suppe in Schälchen verteilen und mit Sesam bestreut servieren.

FÜR 4 PORTIONEN

400 g Sauerampfer

5 getrocknete Datteln

100 g Palmherzen aus der Dose

3–4 El Erdnussöl

500 ml Gemüsefond

Salz, Pfeffer

Ingwer- und Nelkenpulver

2–3 El scharfe schwarze Bohnenpaste

250 ml ungesüßte Kokosmilch

2–3 El Sesamsaat

ZUBEREITUNGSZEIT:

ca. 20 Minuten
264 kcal/1110 kJ

SPARGELSUPPE MIT KRABBEN

1 Die Hühnerbrühe aufkochen lassen. Inzwischen den Spargel waschen und halbieren. Spargel in der kochenden Brühe etwa 5 Minuten garen, herausnehmen und beiseitestellen.

2 Bei den Krabben den Darm entfernen. Die Krabben waschen und abtrocknen. Die Schalotten schälen und fein hacken.

3 Das Öl in einem Wok erhitzen, Schalotten darin 2 Minuten andünsten. Spargel, Krabben und die Brühe dazugeben. Suppe 3 Minuten kochen lassen.

4 Wok vom Herd nehmen. Maismehl mit etwas Wasser zu einer glatten Paste verrühren, zur Suppe geben und damit verrühren.

5 Suppe wieder erhitzen und so lange kochen lassen bis sie etwas eingedickt ist. Die Fischsauce unterrühren, salzen und pfeffern.

6 Das Ei verquirlen und dazugeben. Ei in der Suppe kräftig verrühren, damit es Fäden zieht. Mit Schnittlauch bestreut servieren.

FÜR 4 PORTIONEN

1 l Hühnerbrühe

300 g grüne Spargelspitzen

200 g Krabben oder Garnelen

4 Schalotten

1 El Öl

1 El Maismehl

2 El Fischsauce

Salz

Pfeffer

1 Ei

etwas Schnittlauch zum Garnieren

ZUBEREITUNGSZEIT:

ca. 20 Minuten
(plus Kochzeit)
100 kcal/418 kJ

SCHARFE ENTENSUPPE

FÜR 4 PORTIONEN

400 g Entenkeulen oder
Reste vom Entenbraten

1–2 El Erdnussöl

3 rote Chilischoten

3 Knoblauchzehen

3 Schalotten

3 El Fischsauce

100 g Austernpilze

2–3 El Chilisauce

500 ml Kokosmilch

500 ml Entenfond (FP)

½ Bund Thai-Basilikum

ZUBEREITUNGSZEIT:
ca. 25 Minuten
553 kcal/2325 kJ

1 Von den Entenkeulen die Haut und die Knochen entfernen und das Fleisch klein schneiden. Das Öl im Wok erhitzen und das Fleisch darin portionsweise scharf anbraten. Herausnehmen und warm stellen.

2 Die Chilischoten halbieren, entkernen, die Schoten unter fließendem kalten Wasser waschen und in Streifen schneiden. Die Knoblauchzehen und die Schalotten schälen und in Scheiben schneiden.

3 Die Chilischoten und die Knoblauch- und Schalottenscheiben mit der Fischsauce verrühren und in dem verbliebenen Bratfett 3–4 Minuten pfannenrühren.

4 Die Austernpilze putzen, fein schneiden und dazugeben. Chilisauce, Kokosmilch und Entenfond angießen und das Fleisch hineingeben. Alles bei milder Hitze ca. 6–7 Minuten garen. Das Basilikum waschen, trocknen und in feine Streifen schneiden. Dazugeben und ca. 2 Minuten mitkochen. Die Suppe anrichten und servieren.

REISNUDELN MIT KREBSFLEISCH

1 Die Nudeln in ausreichend warmes Wasser legen, bis sie weich sind. In ein Sieb geben, gut abtropfen lassen und mit kaltem Wasser abspülen.

2 Den Hummerfond zusammen mit dem Ingwersaft, der Sojasauce und dem Zitronenpfeffer im Wok erhitzen. Die Nudeln bei milder Hitze darin 3–5 Minuten garen.

3 Das Krebsfleisch dazugeben und erwärmen. Die Eier verquirlen und langsam in die Reisnudel-Mischung hineingießen. Bei milder Hitze ca. 1 Minute stocken lassen und dann vorsichtig umrühren. Die Suppe in Schälchen anrichten und servieren.

FÜR 4 PORTIONEN

150 g Reisfadennudeln
750 ml Hummerfond (FP)
2–3 El Ingwersaft
2–3 El Sojasauce
etwas Zitronenpfeffer
300 g Flusskrebsfleisch
2 Eier

ZUBEREITUNGSZEIT:
ca. 20 Minuten
570 kcal/2396 kJ

SCHARFER KOKOS-HÜHNERTOPF

FÜR 4 PORTIONEN

1 Zwiebel
2 Knoblauchzehen
je 1 rote und grüne
Chilischote
1 Stängel Zitronengras
1 Stück frischer Galgant
(ca. 1 cm)
2 Tl rote Currypaste
1 El Erdnussöl
3 Kaffir-Limettenblätter
500 ml Hühnerbrühe
300 ml Kokosmilch
250 ml Sahne
etwas Fischsauce
etwas Limettensaft
600 g Hähnchenbrustfilets
125 g Champignons
2 Tomaten
3 Frühlingszwiebeln
etwas frischer Koriander

ZUBEREITUNGSZEIT:

ca. 20 Minuten
(plus Garzeit)
390 kcal/1638 kJ

1 Zwiebel und Knoblauch schälen und fein hacken. Chili putzen, waschen und halbieren, Stielansatz und die Kerne entfernen und klein hacken.

2 Zitronengras putzen, waschen und fein hacken. Galgant schälen und ebenfalls fein hacken.

3 Alles Gemüse mit der Currypaste in dem Erdnussöl anbraten. Die gewaschenen Limettenblätter zufügen und die Hühnerbrühe dazugießen, 15 Minuten köcheln.

4 Kokosmilch und Sahne zur Currypaste geben, gut verrühren und 5 Minuten mitköcheln lassen. Mit Fischsauce und Limettensaft abschmecken.

5 Hühnerbrust in Streifen schneiden. Champignons sauber bürsten und in Scheiben schneiden.

6 Tomaten mit kochendem Wasser überbrühen, anschließend häuten, entkernen und klein würfeln. Frühlingszwiebeln putzen, waschen und klein schneiden.

7 Alles zur Gewürzmischung geben und 5 Minuten darin garen lassen.

8 Koriander waschen, trockenschütteln und die Blättchen von den Stielen zupfen. Den Hühnertopf mit Korianderblättern bestreut servieren.

GARNELEN MIT INGWER

1 Rote Chilis 15 Minuten in heißem Wasser einweichen. Abgetropft mit Zwiebel, Ingwer, Zitronengras, Nüssen, Garnelenpaste, Safran und 2 El Öl pürieren.

2 Garnelen entdarmen und waschen. Köpfe und Schalen in 1 El Öl braten, bis sie dunkelorange sind. Mit 750 ml Wasser 30 Minuten offen köcheln. Herausnehmen, Brühe durchsieben.

3 Würzpaste in 1 El Öl in einem Wok 6 Minuten braten. Mit Garnelenbrühe und Kokosmilch 5 Minuten köcheln lassen. Garnelen mitkochen, bis sie sich rosa färben. Abgetropfte Sojasprossen darin erhitzen.

4 Nudeln 30 Sekunden in kochendem Wasser ziehen lassen, abgetropft untermischen. Suppe anrichten, mit Garnelen und gewaschener Minze garnieren.

FÜR 4 PORTIONEN

5 rote getrocknete Chilis
2 gehackte kleine Zwiebeln
2 El frisch geriebener Ingwer
1 El gehacktes Zitronengras
8 Kemirinüsse
1 ½ Tl Garnelenpaste
¼ Tl Safranpulver
4 El Öl
600 g rohe Garnelen
500 ml Kokosmilch
100 g Sojasprossen
500 g dünne frische Reisnudeln
10 koreanische Minzeblätter

ZUBEREITUNGSZEIT:

ca. 25 Minuten
(plus Einweichzeit,
plus Garzeit)
488 kcal/2048 kJ

KOKOSSUPPE MIT ENTE

FÜR 4 PORTIONEN

600 g Entenbrustfilet
ohne Haut

3 Knoblauchzehen

2 Schalotten

100 g Austernpilze

100 g Schlangenbohnen

1 frisches Stück Ingwer
(3 cm)

1 frisches Stück Korianderwurzel (3 cm)

2 Kaffir-Limetten

1 Limette

1 rote Peperoni

3 El Erdnussöl

400 ml Asiafond

500 ml Kokosmilch

1 El grüne Currypaste (FP)

Thai-Basilikum zum
Garnieren

ZUBEREITUNGSZEIT:

ca. 50 Minuten
657 kcal/2762 kJ

1 Das Fleisch waschen, trocknen und in Streifen schneiden.

2 Die Knoblauchzehen schälen und fein hacken. Die Schalotten schälen und in Würfel schneiden. Die Austernpilze putzen, waschen und in Stücke schneiden.

3 Die Bohnen waschen, trocknen und klein schneiden. Den Ingwer schälen und reiben.

4 Die Korianderwurzel schälen und in Scheiben schneiden. Die Kaffir-Limette schälen und die Schale fein hacken. Die Limette anschließend filetieren.

5 Die Peperoni waschen, längs halbieren, entkernen und in Streifen schneiden.

6 Das Öl in einem Wok erhitzen und das Fleisch mit dem Knoblauch und den Schalotten darin anbraten. Nach ca. 4 Minuten die Pilze und die Bohnen dazugeben.

7 Ingwer, Korianderwurzel, Kaffir-Limette, Limettenfilets und Peperoni dazugeben und alles kurz braten.

8 Asiafond, Kokosmilch und ca. 300 ml Wasser angießen und alles bei milder Hitze ca. 6 Minuten ziehen lassen. Das Ganze mit der Currypaste abschmecken.

9 Das Thai-Basilikum waschen, trocknen und die Blättchen abzupfen. Die Suppe in Schälchen anrichten und mit Basilikum garniert servieren.

WAN-TAN-SUPPE

1 Die Flüssigkeit von den Pilzen abgießen. Pilze ausdrücken, Stiele entsorgen und Pilzhüte fein hacken. Garnelen schälen, entdarmen und fein hacken.

2 Garnelenfleisch, Pilze, Hackfleisch, Salz, Sojasauce, Sesamöl, die Hälfte der Frühlingszwiebeln, Ingwer und Wasserkastanien gründlich mischen.

3 Wan-Tan-Hülle möglichst schnell verarbeiten, restliche Hüllen mit einem feuchten Tuch abdecken, damit sie nicht austrocknen.

4 1 gehäuften Tl der Füllung in die Mitte der Teighülle geben. Teigränder mit Wasser anfeuchten, die Teigstücke

zu Dreiecken zusammenfalten und etwas andrücken. Teigtaschen auf ein mit Mehl bestäubtes Holzbrett legen.

5 Reichlich Wasser zum Kochen bringen. Teigtaschen in dem sprudelnd kochenden Wasser 4–5 Minuten kochen lassen. Hühnerbrühe in einem separaten Topf zum Kochen bringen. Restliche fein geschnittene Frühlingszwiebeln hinzugeben.

6 Teigtaschen mit einem Schaumlöffel aus dem Wasser nehmen, abtropfen lassen und warm halten. Teigtaschen in Schälchen oder auf Tellern anrichten und die kochende Brühe darüber gießen. Suppe sofort servieren.

FÜR 4 PORTIONEN

3 eingeweichte getrocknete chinesische Pilze

200 g rohe Garnelen

200 g Schweinehackfleisch

1 Prise Salz

1 El Sojasauce

1 Tl Sesamöl

5 fein gehackte Frühlingszwiebeln

1 Stück geriebener frischer Ingwer (ca. 1 cm)

2 El klein gehackte Wasserkastanien

200 g Wan-Tan-Hüllen (FP)

1 l Hühnerbrühe

ZUBEREITUNGSZEIT:

ca. 40 Minuten
(plus Kochzeit)
243 kcal/1023 kJ

GEMÜSE

Frische und Einfachheit gehören zu den Grundprinzipien der asiatischen Küche, deshalb haben Gemüse und aromatische Kräuter auch einen ganz besonderen Stellenwert. Im Wok können diese Zutaten in Minutenschnelle gegart werden, ohne dass Geschmack, Vitamine oder Nährstoffe verloren gehen.

REIS MIT OMELETTSTREIFEN

1 Reis waschen, abtropfen lassen und in etwa ½ l Wasser mit etwas Salz 15–20 Minuten garen. Anschließend abgießen und abtropfen lassen.

2 Die Pilze putzen, waschen und je nach Größe klein schneiden. Die Erbsen waschen, die Bambussprossen abtropfen lassen, die Möhre schälen und in Scheiben schneiden.

3 2 El Öl in einem Wok erhitzen und die Pilze darin andünsten, bis alle Flüssigkeit verkocht ist. Gemüse zugeben und 5 Minuten mitschmoren, bis es bissfest ist. Den Wok beiseite stellen.

4 Die Eier in einer Schüssel mit Salz verquirlen und in einer Pfanne daraus ein Omelett braten. Das Omelett aus der Pfanne nehmen und in Streifen schneiden.

5 Reis mit Gemüse im Wok mischen, kurz erhitzen und mit Saucen und Tamarindensaft abschmecken. Den Gemüsereis auf Schalen verteilen und mit den Omelettstreifen garnieren. Mit Schnittlauchröllchen bestreuen und servieren.

FÜR 4 PORTIONEN

350 g Reis, Salz

250 g chinesische Mu-Err-Pilze

150 g Erbsen

100 g Bambussprossen aus der Dose

1 Möhre, 4 El Öl

4 Eier, 2 El Sojasauce

2 El Austernsauce

2 El Tamarindensaft

3 El Schnittlauchröllchen

ZUBEREITUNGSZEIT

30 Minuten
(plus Gar-, Schmor- und Bratzeit)
ca. 460 kcal/1932 kJ

PAKSOI MIT EI

FÜR 4 PORTIONEN

600–700 g Paksoi

2 Zwiebeln

4 Chilischoten

3–4 El Erdnussöl

300 g Tomatenwürfel
aus der Dose

4–5 El Sojasauce

2–3 El Kokosmilch

Salz

Pfeffer aus der Mühle

4–5 Wachteleier, gekocht
aus dem Glas

ZUBEREITUNGSZEIT:

ca. 30 Minuten
235 kcal/990 kJ

1 Paksoi putzen, waschen und gut abtropfen lassen. Das Gemüse in mundgerechte Stücke schneiden. Die Zwiebeln schälen und in feine Würfel schneiden. Die Chilischoten halbieren, Trennwände und Kerne entfernen und die Schoten unter fließendem Wasser waschen. Chilis fein würfeln.

2 Das Öl im Wok erhitzen und die Zwiebel- und Chiliwürfel darin unter Rühren andünsten. Paksoi dazugeben, kurz anschmoren und mit den Tomatenwürfeln, der Sojasauce und der Kokosmilch ablöschen. Alles ca. 10–15 Minuten schmoren lassen. Mit Salz und Pfeffer würzen.

3 Die Eier gut abtropfen lassen und halbieren. Das Gemüse anrichten und mit den Eiern garniert servieren.

BUNTE GEMÜSEPFANNE

1 Die Zwiebeln und die Knoblauchzehen schälen und in feine Würfel schneiden. Die Auberginen und die Zucchini putzen, waschen, der Länge nach halbieren und in fingerdicke Dreiecke schneiden. Die Tomaten häuten, halbieren, entkernen und in kleine Stücke schneiden. Die Paprikaschoten halbieren, entkernen, waschen und in grobe Stücke schneiden.

2 Das Öl im Wok erhitzen und das Gemüse getrennt voneinander unter Rühren ca. 2–3 Minuten braten. Dann das Gemüse zusammen in den Wok geben und mit Salz, Pfeffer, Senfsaat und Kreuzkümmel würzen.

3 Die Kräuter putzen, waschen und fein hacken. Zum Gemüse geben und alles mit dem Gemüsefond ablöschen. Ca. 2–3 Minuten kochen lassen. Die Sesamsaat in einer Pfanne ohne Fett rösten und das Gemüse damit bestreuen.

FÜR 4 PORTIONEN

3 rote Zwiebeln

2 Knoblauchzehen

je 2 kleine Auberginen und Zucchini

4 Fleischtomaten

2 Paprikaschoten

4 El Sesamöl

Salz, Pfeffer aus der Mühle, Senfsaat, Kreuzkümmelpulver

1–2 Stiele Thai-Basilikum

1–2 Stiele Zitronengras oder 1 El getrocknetes Zitronengras

500 ml Gemüsefond

2–3 El Sesamsaat, geschält

ZUBEREITUNGSZEIT:

ca. 25 Minuten
480 kcal/2017 kJ

FASTENSPEISE DER BUDDHISTEN

FÜR 4 PORTIONEN

25 g getrocknete Morcheln
200 g Tofu
150 g Chinakohl,
je 100 g grüne und
rote Paprikaschote,
125 g Bambussprossen,
100 g Möhren
100 g Strohpilze,
100 g Champignons
3 Knoblauchzehen
5 El Öl
1 El Zucker, 2 Tl Salz, Pfeffer
300 ml Gemüsebrühe
4 Tl Speisestärke
3 El Sesamöl
125 g Sojabohnensprossen

ZUBEREITUNGSZEIT
ca. 30 Minuten
(plus Einweich- und
Schmorzeit)
ca. 156 kcal/654 kJ

1 Die Morcheln in heißem Wasser einweichen und 10 Minuten quellen lassen. Dann abgießen und abtropfen lassen.

2 Den Tofu in Würfel schneiden. Das Gemüse putzen, waschen und in 3 cm große Stücke bzw. Scheiben schneiden. Die Pilze putzen, waschen und je nach Größe halbieren oder ganz lassen. Knoblauch schälen und fein hacken.

3 Einen Wok mit etwas Öl einreiben, dann das restliche Öl darin erhitzen. Zuerst den Knoblauch darin kurz schmoren, dann nach und nach das Gemüse zugeben und unter Rühren etwa 5 Minuten schmoren.

4 Anschließend das Gemüse mit Zucker, Salz und Pfeffer abschmecken und die Gemüsebrühe unterrühren. Aufkochen lassen und noch einmal gut durchrühren. Dann mit dem Sesamöl verfeinern. Die Fastenspeise mit Reis servieren.

INFO!

Fasten wird im Buddhismus nicht so asketisch streng gehandhabt wie in anderen Weltreligionen, wichtig ist vielmehr eine harmonische und ausgeglichene Lebensführung. Die buddhistischen Mönche erlegen sich lediglich bestimmte Riten beim Essen auf. So nehmen sie während der Fastenzeit nach Mittag keine festen Mahlzeiten mehr zu sich.

GEDÄMPFTE ZUCCHINITÖRTCHEN

FÜR 4 PORTIONEN

3 dicke Zucchini
1 Bund Koriander
1 El fein geriebener Ingwer
4 El Shrimpspaste

ZUBEREITUNGSZEIT:
ca. 30 Minuten
41 kcal/172 kJ

1 Die Zucchini waschen, trocknen, putzen und in sehr dünne Scheiben schneiden. Den Koriander waschen und gut trockenschütteln, die Blätter abzupfen, einige der Blätter fein schneiden. Ingwer mit Shrimpspaste und 2 El Wasser verrühren.

2 Bambuskörbchen mit einigen Korianderblättern auskleiden. Die Zucchinischeiben mit etwas Paste bestreichen und zu Törtchen übereinanderschichten (ca. 5 cm hoch).

3 Die Zucchinitörtchen in die Bambuskörbchen platzieren, mit geschnittenen Korianderblättern bestreuen.

4 Wasser im Wok erhitzen, Bambuskörbchen darüberstellen und bei geschlossenem Deckel etwa 15 Minuten dämpfen.

INFO!

Koriander wird auch „chinesische Petersilie" genannt – allerdings hat er mit dieser nur äußerlich Ähnlichkeit, der Geschmack beider Pflanzen ist völlig verschieden.

TOMATEN MIT INGWER-KOHL

1 Die Tomaten waschen, trocknen, den Deckel abschneiden, das Innere aushöhlen. Vom Kohl die äußeren Blätter entfernen, den Kohl halbieren, den Strunk herausschneiden und die Blätter in feine Streifen schneiden. Den Ingwer schälen und in feine Scheiben schneiden.

2 Das Öl im Wok erhitzen, die Kohlstreifen darin mit Ingwerpulver, Hoisin-Sauce und Fischsauce dünsten, bis sie weich sind. Dann die Kohlstreifen in die Tomaten füllen. Jeweils drei Tomaten in ein Bambuskörbchen setzen und mit Ingwerscheiben bestreuen.

3 Etwas Wasser im Wok erhitzen, die Körbchen im Wok übereinanderplatzieren. Den Wok mit einem Deckel verschließen. Nach 10 Minuten die oberen Körbchen mit den unteren tauschen und weitere 10 Minuten dämpfen.

4 Zum Schluss die Tomaten mit etwas Korianderöl beträufeln und mit fein gehackten Korianderblättchen bestreuen.

FÜR 4 PORTIONEN

12 mittelgroße Tomaten
½ kleiner Weißkohl
100 g Ingwerwurzel
1 El Pflanzenöl
2 El Ingwerpulver
1 El Hoisin-Sauce
2 El Fischsauce
etwas Korianderöl
½ Bund Koriander

ZUBEREITUNGSZEIT:

ca. 40 Minuten
122 kcal/512 kJ

BAMBUSSPROSSEN MIT ALFALFA

FÜR 4 PORTIONEN

500 g Bambussprossen
je 2 rote und grüne Paprika
1 Zweig Koriander
4 El Pflanzenöl
1 El Shrimpspaste
2 El Hoisin-Sauce
100 g Alfalfasprossen

ZUBEREITUNGSZEIT:

ca. 25 Minuten
146 kcal/611 kJ

1 Die Bambussprossen schräg in Scheiben schneiden, die Paprika waschen, putzen, entkernen und in Streifen schneiden. Den Koriander waschen, trockenschütteln, die Blättchen abzupfen und fein schneiden.

2 Das Öl im Wok erhitzen, die Paprikastreifen darin kurz anbraten, dann die Bambussprossen zufügen. Shrimpspaste und Hoisin-Sauce hinzufügen, alles vermischen und weiterbraten.

3 Zum Schluss die Alfalfasprossen untermischen, kurz durchschwenken und mit Korianderblättchen bestreut servieren.

GEBRATENE SHIITAKE-PILZE

FÜR 4 PORTIONEN

600 g frische Shiitake-Pilze
1 Bund Lauchzwiebeln
4 El geröstetes Sesamöl
1 El Sesamsamen
2 El Austernsauce
4 El Reiswein

ZUBEREITUNGSZEIT:
ca. 15 Minuten
183 kcal/767 kJ

1 Die Shiitake-Pilze nicht waschen, sondern mit Küchenkrepp abwischen. Nur die unteren Enden der Stiele entfernen.

2 Die Lauchzwiebeln waschen, trocknen, putzen und in Ringe schneiden.

3 Das Sesamöl im Wok erhitzen, die Pilze darin schön scharf anbraten, bis sie gar sind. Danach die Lauch-zwiebelringe zugeben und ebenfalls etwas anbraten. Die

Sesamsamen darüberstreuen und leicht anrösten.

4 Zum Schluss die Austern-sauce zugeben und alles mit Reiswein ablöschen. Nur kurz garen, bis die Flüssigkeit gerade verdampft ist.

SPINAT MIT GERÖSTETEM KNOBLAUCH

1 Den Spinat putzen, gründlich unter fließendem Wasser waschen und leicht trockenschütteln.

2 Die Knoblauchzehen schälen und in feine Streifen schneiden.

3 Das Öl im Wok erhitzen, den Knoblauch darin hellbraun anrösten, die Sojasprossen zugeben und kurz durchschwenken.

4 Den Spinat zugeben und zusammenfallen lassen. Mit Fischsauce würzen und servieren.

FÜR 4 PORTIONEN

1 kg frischer Blattspinat
5 Knoblauchzehen
3 El Erdnussöl
500 g Sojasprossen
2 El Fischsauce

ZUBEREITUNGSZEIT:
ca. 15 Minuten
180 kcal/754 kJ

TIPP!

Die gesunden Sojasprossen schmecken frisch am besten. Notfalls kann man aber auch auf Sprossen aus dem Glas zurückgreifen.

AUSGEBACKENE ZUCCHINI

FÜR 4 PORTIONEN

800 g Zucchini

125 g gemahlene Cashewkerne

50 g geriebener Parmesan

½ Bund Koriander

1 Ei, 1 Prise Salz

Pfeffer

60 ml Erdnussöl

400 g Schmand

100 g Joghurt

1 Knoblauchzehe

1 kleine rote Paprikaschote

Ingwer- und Kreuzkümmelpulver

ZUBEREITUNGSZEIT:

ca. 30 Minuten

816 kcal/3430 kJ

1 Die Zucchini waschen, trocknen und längs in dünne Scheiben schneiden. Die Cashewkerne mit dem Käse vermengen. Das Koriandergrün waschen, trocknen, fein hacken und unter die Käsemasse heben.

2 Das Ei in einer Schüssel verquirlen, salzen und pfeffern. Die Zucchinischeiben zunächst durch das Ei ziehen und anschließend in der Käsemasse wenden. Die Panade etwas andrücken.

3 Das Öl im Wok erhitzen und die Zucchinischeiben darin goldbraun backen.

4 Den Schmand mit dem Joghurt in einer Schüssel verrühren. Die Knoblauchzehe schälen und dazupressen. Die Paprikaschote waschen, halbieren, entkernen, in sehr kleine Würfel schneiden und unter den Dip rühren. Alles mit Salz, Pfeffer, Ingwer- und Kreuzkümmelpulver abschmecken. Die Zucchinischeiben mit dem Dip servieren.

GEBACKENE ENDIVIEN

1 Die Endivien putzen, unter fließendem Wasser waschen und gut abtropfen lassen. Die Endivienblätter trocknen und in ca. 5 cm lange Stücke schneiden.

2 Das Eiweiß steif schlagen. Das Eigelb verquirlen und unter den Eischnee heben. Salz, Mehl und Maisstärke unterheben. Die Endivienblätter durch den Eierteig ziehen und in heißem Erdnussöl goldbraun ausfrittieren.

3 Für die erste Sauce den Orangensaft erhitzen, vom Herd nehmen und Erdnussöl, Paprikapulver, Chilipulver und Korianderblättchen einrühren.

4 Für die zweite Sauce die Sojasauce erwärmen und das Gewürzpulver mit dem Zucker dazugeben. Solange unter Rühren erhitzen, bis sich der Zucker gelöst hat.

5 Für die dritte Sauce den Essig mit Sesamöl, Zucker und etwas Salz verrühren. Die Frühlingszwiebeln putzen, waschen, fein hacken und unter die Sauce rühren.

6 Die drei Saucen zusammen mit den gut abgetropften Endivien anrichten und servieren.

FÜR 4 PORTIONEN

500 g Endivien

8 Eiweiß

2 Eigelb, 1 Prise Salz

2 El Mehl

1 El Maisstärke

Erdnussöl zum Ausbacken

100 ml Orangensaft

je 1 El Erdnussöl und Paprikapulver

1 Tl Chilipulver

20 g Korianderblättchen

100 ml helle Sojasauce

1 El Fünf-Gewürz-Pulver

2–3 El Rohrzucker

100 ml Himbeeressig

je 1 Tl Sesamöl und Zucker

¼ Bund Frühlingszwiebeln

ZUBEREITUNGSZEIT:

ca. 30 Minuten
367 kcal/1541 kJ

FRÜHLINGSROLLEN

FÜR 4 PORTIONEN

4 Eier
1 Prise Salz
2 El Öl
200 g Mehl
Butter zum Braten
1 große Zwiebel
3 Knoblauchzehen
1 Dose Bambussprossen
(ca. 200 g)
2 Möhren
100 g Bohnensprossen

ZUBEREITUNGSZEIT:
ca. 30 Minuten
(plus Zeit zum Ausquellen)
303 kcal/1271 kJ

1 Für den Teig 1 Ei trennen, das Eigelb beiseitestellen. Das Eiweiß mit den restlichen Eiern und etwa 350 ml Wasser verquirlen. Salz, Öl und Mehl hinzufügen und alles zu einem glatten Teig rühren. Teig 30 Minuten quellen lassen.

2 Im Wok etwas Butter aufschäumen lassen und darin nacheinander sehr dünne helle Pfannkuchen backen. Herausnehmen und beiseitestellen.

3 Für die Füllung die Zwiebel und den Knoblauch schälen und fein hacken. Bambussprossen abtropfen lassen und in schmale Streifen schneiden. Die Möhren schälen und

ebenfalls in schmale Streifen schneiden. Sprossen waschen.

4 Etwas Butter im Wok heiß werden lassen. Knoblauch und Zwiebel darin andünsten. Möhren hinzugeben und 3 Minuten mitbraten. Sprossen hinzufügen und 2 Minuten weiterbraten.

5 Die Pfannkuchen mit der Gemüsemischung füllen. Zu einer festen Rolle aufrollen und mit verquirltem Eigelb bestreichen. Die Rollen in etwas Butter rundherum goldbraun braten.

SÜSS-SAURES PAPRIKAGEMÜSE

1 Die Paprikaschoten waschen, putzen, entkernen und in dünne Streifen schneiden. Die Tomaten kreuzweise einschneiden, kurz in kochendes Wasser tauchen, abschrecken, häuten und in Spalten schneiden.

2 Die Knoblauchzehen schälen und durchpressen. Die Petersilie waschen, trocknen und fein hacken. Das Öl im Wok erhitzen und das Gemüse darin andünsten. Den Reiswein und die Sojasauce angießen.

3 Kurz ziehen lassen und alles mit Zucker, Anis-, Koriander- und Ingwerpulver abschmecken. Alles auf Tellern anrichten und servieren.

FÜR 4 PORTIONEN

je 2 rote, gelbe und grüne Paprikaschoten

4 Tomaten

6 Knoblauchzehen

½ Bund Petersilie

3 El Erdnussöl

4 El Reiswein

4 El Sojasauce

1 El Zucker

Anis-, Koriander- und Ingwerpulver

ZUBEREITUNGSZEIT:
ca. 20 Minuten
255 kcal/1072 kJ

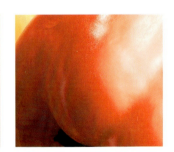

THAI-GEMÜSE

FÜR 4 PORTIONEN

125 g Brokkoli
125 g Blumenkohl
½ Salatgurke
3 Möhren
125 g Chinakohl
125 g Paksoi
100 g Mais aus der Dose
500 ml Reisessig
2 El Zucker
Salz
5 Knoblauchzehen
2 Zwiebeln
6 getrocknete rote Chilischoten
75 ml Erdnussöl
2 El Sesamsamen

ZUBEREITUNGSZEIT:
ca. 35 Minuten
319 kcal/1340 kJ

1 Das Gemüse putzen, waschen, trocknen und klein schneiden. Die Maiskörner in ein Sieb geben und gut abtropfen lassen. Den Essig mit 500 ml Wasser, Zucker und etwas Salz aufkochen lassen. Das Gemüse darin portionsweise blanchieren.

2 Die Knoblauchzehen und die Zwiebeln schälen und grob hacken. Zusammen mit den Chilischoten in einem Mörser fein zerstoßen. Das Öl im Wok erhitzen und die Paste ca. 3 Minuten darin braten.

3 Das Gemüse mit der Kochflüssigkeit dazugeben und ca. 2 Minuten bei milder Hitze mitdünsten. Sesamsamen in einer Pfanne ohne Fett anrösten.

4 Das Gemüse auf Tellern anrichten und mit Sesamsamen bestreut servieren.

TIPP!

Das Schöne an diesem Rezept ist, dass Sie mit den Gemüsesorten je nach Geschmack und Saison experimentieren können. Romanesco, Spinat, Zucchini, Kürbis und Stangenbohnen lohnen sich auszuprobieren, aber auch frische Champignons schmecken sehr gut.

SÜSSE KNOBLAUCH-AUBERGINEN

1 Die Auberginen putzen, waschen und den Stielansatz entfernen, anschließend die Auberginen der Länge nach halbieren. Auberginenhälften in etwa 3 x 3 cm große Würfel schneiden.

2 3 El des Öls in einem Wok erhitzen, den Wok vorsichtig schwenken, damit das Öl sich am Rande gut verteilt. Die Hälfte der Auberginenwürfel in den Wok geben, bei starker Hitze unter Rühren 5 Minuten braten, bis das Gemüse gebräunt und das Öl vollständig aufgesogen ist.

3 Auberginen auf Küchenpapier abtropfen lassen. Die andere Hälfte der Auberginenwürfel in 3 El Öl unter Rühren braten, herausnehmen und abtropfen lassen.

4 Das restliche Öl im Wok erhitzen. Den Knoblauch und die Zwiebel schälen, klein hacken und im heißen Öl 3 Minuten braten lassen. Den Zucker darüberstreuen und leicht karamellisieren lassen. Sojasauce, Essig und Sherry dazugeben und unter Rühren alles aufkochen lassen.

5 Gebratene Auberginenwürfel zurück in den Wok geben und 3 Minuten mitköcheln lassen, bis sie die Sauce fast vollständig aufgenommen haben. Auberginengemüse mit weißem Reis servieren.

FÜR 4 PORTIONEN

4 kleine Auberginen
7 El Öl
3–4 Knoblauchzehen
1 Zwiebel
6 Tl brauner Zucker
6 Tl Sojasauce
6 Tl Apfelessig
1 El trockener Sherry

ZUBEREITUNGSZEIT:

ca. 10 Minuten
(plus Bratzeit)
77 kcal/323 kJ

SÜSS-SAURES GEMÜSE

FÜR 4 PORTIONEN

100 g Chinakohl
125 g Möhren
125 g frische Shiitake-Pilze
125 g Zuckerschoten
50 g Ingwer
2 Knoblauchzehen
2 rote Chilischoten
100 g eingelegte
Bambussprossen
150 g Ananas
4 El Sonnenblumenöl
4 El Reisessig
4 El helle Sojasauce
4 El Sherry
2 El Zucker
200 ml Hühnerbrühe
1 Tl Maisstärke

ZUBEREITUNGSZEIT:
ca. 30 Minuten
399 kcal/1676 kJ

1 Den Chinakohl waschen, trocknen und die Blätter der Länge nach halbieren. Anschließend in 2 cm breite Streifen schneiden.

2 Die Möhren schälen und in dünne Scheiben schneiden. Die Pilze mit Küchenpapier abreiben und halbieren.

3 Die Zuckerschoten waschen und halbieren. Ingwer schälen und in sehr feine Scheiben schneiden.

4 Den Knoblauch schälen und fein hacken. Chilischoten waschen, entkernen und in Streifen schneiden.

5 Die Bambussprossen in einem Sieb abtropfen lassen. Die Ananas schälen, den Strunk entfernen und das Fruchtfleisch in Stücke schneiden.

6 Das Öl im Wok erhitzen und die Möhren mit den Pilzen, den Zuckerschoten und dem Chinakohl darin anbraten.

7 Ingwer, Knoblauch und Chili zufügen, kurz mitbraten. Bambussprossen, Ananas, Essig, Sojasauce, Sherry und Zucker dazugeben. Mit ¾ der Brühe angießen und vermischen.

8 Die Stärke mit der restlichen kalten Brühe anrühren, über das Gemüse gießen und sofort untermischen. 4 Minuten köcheln lassen.

9 Das Ganze in Schälchen anrichten und zusammen mit Reis servieren.

RÜHREI MIT PILZEN

1 Die getrockneten Pilze mit so viel heißem Wasser übergießen, dass sie damit gut bedeckt sind. Alles ca. 15 Minuten quellen lassen.

2 Die Chilischote waschen, entkernen und in dünne Streifen schneiden. Den Ingwer schälen und sehr fein hacken. Die Frühlingszwiebeln putzen, waschen und in Ringe schneiden. Den Koriander waschen, trocknen und die Blättchen abzupfen.

3 Die Pilze in einem Sieb abtropfen lassen und in Stücke schneiden. Die Eier verquirlen und Sojasauce, Pfeffer und Erdnussöl unterrühren.

4 Den Wok erhitzen und das Sonnenblumenöl hineingeben. Die Pilze darin kurz anbraten. Die restlichen Zutaten bis auf die Eier und den Koriander dazugeben und mit den Pilzen vermengen. Die Eimasse hineingießen und so lange garen, bis sie zu stocken beginnt. Die gestockte Masse jeweils an den Rand schieben.

5 Das Rührei anrichten und mit dem Koriandergrün bestreut servieren.

FÜR 4 PORTIONEN

3 getrocknete Morcheln
3 getrocknete Shiitake-Pilze
1 rote Chilischote
10 g Ingwer
2 Frühlingszwiebeln
2 Stiele Koriander
4 Eier
2 Tl Sojasauce
1 Prise Pfeffer
1 Tl Erdnussöl
2 El Sonnenblumenöl

ZUBEREITUNGSZEIT:

ca. 30 Minuten
230 kcal/966 kJ

79

SPROSSEN MIT ORANGEN

FÜR 4 PORTIONEN

250 g Sojabohnenkeime

250 g Mixed Pickles
aus dem Glas

3–4 El Sesamöl

2–3 Orangen

250 g geräucherter Tofu

Salz

Pfeffer aus der Mühle

4 El Sojasauce

1 Beet Kresse

ZUBEREITUNGSZEIT:
ca. 20 Minuten
248 kcal/1042 kJ

1 Die Sojabohnenkeime unter fließendem kalten Wasser kurz abbrausen. In ein Sieb geben und gut abtropfen lassen. Die Mixed Pickles ebenfalls gut abtropfen lassen.

2 Das Öl im Wok erhitzen und das Gemüse darin unter Rühren kurz anbraten. Die Orangen so schälen, dass die weiße Haut entfernt wird. Mit einem scharfen Messer die Filets herauslösen und in kleine Stücke schneiden.

3 Den Tofu in Würfel schneiden. Tofu und Orangenfilets zum Gemüse geben und alles mit Salz, Pfeffer und Sojasauce würzen. Das Ganze ca. 2 Minuten schmoren lassen.

4 Die Kresse waschen, trocknen und vom Beet abschneiden. Alles in Schälchen anrichten und mit Kresse garniert servieren.

SZECHUANGURKE AUF BULGUR

FÜR 4 PORTIONEN

2 mittelgroße Salatgurken
1 Bund Frühlingszwiebeln
1 Stück frischer Ingwer
(4 cm)
2 Knoblauchzehen
1 rote Chilischote
3–4 El Sesamöl
1 El Rohrzucker
2–3 El Sojasauce
1–2 Tl Szechuangewürz (FP)
1 El Chiliöl
150 g Bulgur

ZUBEREITUNGSZEIT:
ca. 25 Minuten
313 kcal/1315 kJ

1 Die Gurken waschen, halbieren, die Kerne entfernen und schräg in Scheiben schneiden. Die Frühlingszwiebeln putzen und in feine Röllchen schneiden.

2 Den Ingwer und die Knoblauchzehen schälen und fein hacken. Die Chilischote waschen, entkernen und in feine Würfel schneiden.

3 Das Öl erhitzen und das Gemüse darin unter Rühren ca. 6–7 Minuten braten. Den Zucker, die Sojasauce und das Szechuangewürz dazugeben. Das Chiliöl ebenfalls dazugeben.

4 Alles weitere 6–8 Minuten köcheln lassen. In der Zwischenzeit den Bulgur laut Packungsanweisung zubereiten. Den Bulgur vorsichtig mit den anderen Zutaten im Wok mischen, anrichten und in Schälchen servieren.

AUBERGINEN IN JOGHURTSAUCE

1 Die Auberginen putzen, waschen und längs in Streifen schneiden. Mit Salz bestreuen und etwa 30 Minuten stehen lassen.

2 Mohnsamen und Kümmel in einer kleinen Pfanne bei mittlerer Temperatur rösten, bis sie zu duften beginnen. Dann mahlen.

3 Den Joghurt mit 250 ml kaltem Wasser verrühren. Die Chilis fein hacken. Die Butter in einer Pfanne schmelzen und Chilischoten sowie Fenchelsamen darin kurz schmoren.

4 Die Auberginen gut ausdrücken und in der Butter etwa 5 Minuten schmoren, bis sie leicht braun sind. Verdünnten Joghurt dazugeben und alles bei mittlerer Temperatur weitere 10 Minuten köcheln, bis die Auberginen weich sind.

5 Wenn die Sauce etwas eingekocht ist, die gerösteten Gewürze und den Zucker untermischen. Dazu passen gebackene Kartoffeln.

FÜR 4 PORTIONEN

1 Aubergine (ca. 250 g)

1 ½ Tl Salz

½ Tl schwarze Mohnsamen

1 Tl Kreuzkümmelkörner

150 g Naturjoghurt

2 getrocknete rote Chilischoten

2 El Butter

1 Tl Fenchelsamen

1 Tl Zucker

ZUBEREITUNGSZEIT
25 Minuten
(plus Einweich- und Garzeit)
ca. 70 kcal/293 kJ

REIS & NUDELN

Kein Gericht wird in Asien ohne Reis
oder Nudeln serviert. Ganz gleich,
ob Sie ein einfaches Alltagsgericht
zubereiten oder ein üppiges Festmahl
zaubern möchten: In Verbindung mit
besten asiatischen Aromen und feinen
Zutaten sind Reis- und Nudelgerichte
mehr als nur einfache Beilage.
Überzeugen Sie sich selbst!

REIS MIT SCHWEINEFILET

FÜR 4 PORTIONEN

100–150 g Reis
750 ml Kalbsfond (FP)
250 ml Asiafond (FP)
2–3 El Sojasauce
2–3 El Reiswein
250 g Schweinefilet
1 Bund Frühlingszwiebeln
2–3 El Sesamöl
200 g grüner Spargel
aus dem Glas
Salz, Pfeffer
Ingwer- und Knoblauch-
pulver
½ Beet Kresse

ZUBEREITUNGSZEIT:
ca. 35 Minuten
370 kcal/1555 kJ

1 Den Reis in ein Sieb geben und mit heißem Wasser überbrühen. Den Kalbsfond mit Asiafond, Sojasauce und Reiswein mischen. Die Mischung zusammen mit dem Reis in einen Topf geben und aufkochen lassen. Bei milder Hitze ca. 15–20 Minuten ausquellen lassen.

2 Das Schweinefilet waschen, trocknen und in dünne Scheiben schneiden. Die Frühlingszwiebeln putzen, waschen und in Ringe schneiden.

3 Das Öl im Wok erhitzen und die Frühlingszwiebeln zusammen mit dem Schweinefilet unter Rühren ca. 4–5 Minuten braten. Den Spargel in ein Sieb geben und gut abtropfen lassen. In mundgerechte Stücke schneiden und zum Fleisch geben. Erwärmen und alles mit den Gewürzen abschmecken.

4 Das Fleisch mit dem Spargel unter den Reis heben, in Schälchen anrichten und mit der Kresse bestreut servieren.

REIS MIT HÄHNCHENBRUST

FÜR 4 PORTIONEN

250 g Rundkornreis
300 ml Asiafond
5 El Reiswein
5 El Sojasauce
2 Stängel Zitronengras
2 El Fünf-Gewürz-Pulver
4 Rübchen
200 g Schlangenbohnen
2 Hähnchenbrustfilets
in Scheiben
5 El Sesamöl
200 g Bittermelone
3 El Pinienkerne
4 El Entensauce (FP)

ZUBEREITUNGSZEIT:
ca. 40 Minuten
(plus Garzeit)
632 kcal/2656 kJ

1 Reis in einer Pfanne ohne Fett anrösten. Abgekühlt in einer Getreidemühle nicht zu fein mahlen.

2 Fond mit Reiswein und Sojasauce erhitzen. Zitronengras putzen, waschen, klein schneiden und mit dem Fünf-Gewürz-Pulver unterrühren. Rübchen schälen und würfeln. Bohnen putzen, waschen und klein schneiden.

Alles in den kochenden Fond geben und ca. 7 Minuten ziehen lassen. Herausnehmen und abtropfen lassen.

3 Öl im Wok erhitzen und Fleisch darin anbraten. Bittermelone würfeln und mit Gemüse und Pinienkernen zum Fleisch geben. 3 Minuten braten. Reis unterrühren und alles mit Entensauce abschmecken.

INFO!

Je nach Land variiert die Zusammensetzung des Fünf-Gewürz-Pulvers. Sie basiert auf Fenchelsamen, Nelken, Kardamon, Sternanis und Zimt.

GEBRATENER REIS MIT HUHN

1 Knoblauch schälen und klein hacken. Die Frühlingszwiebeln putzen, waschen und in Ringe schneiden. Die Salatgurke waschen und in Streifen schneiden. Die Tomaten häuten und klein würfeln.

2 Öl in einem Wok erhitzen und das Fleisch darin leicht braten, bis es gar ist. Herausnehmen und warm halten.

3 Die Eier verrühren und im Bratfett unter Rühren anbraten. Den Reis mit Knoblauch und dem Fleisch hinzugeben und unter Rühren alles erhitzen.

4 Fischsauce, Pfeffer und Zucker unterrühren. Den Reis in eine Schüssel geben und mit Frühlingszwiebeln, Gurkenstreifen und Tomatenwürfeln garniert servieren.

FÜR 4 PORTIONEN

2–3 Knoblauchzehen

8 Frühlingszwiebeln

½ Salatgurke

5 Tomaten

3 El Öl

200 g in Scheiben geschnittene Hühnerbrust

3 Eier

400 g gedämpfter Jasminreis

3 El Fischsauce

weißer Pfeffer

1 El Zucker

ZUBEREITUNGSZEIT:

ca. 15 Minuten (plus Bratzeit)
568 kcal/2384 kJ

KOREANISCHE NUDELN MIT GEMÜSE

1 Kochendes Wasser über die schwarzen Pilze gießen und 10 Minuten einweichen lassen. Anschließend abtropfen lassen.

2 Nudeln nach Packungsanweisung in Wasser kochen. Abtropfen lassen und unter fließendem kalten Wasser gründlich abspülen, bis sie kalt sind. Die überschüssige Stärke wird so entfernt. Nudeln nach Bedarf kürzen.

3 Den Knoblauch und den Ingwer schälen und fein hacken. Die Frühlingszwiebeln putzen, waschen und klein hacken, 2 Frühlingszwiebeln in etwa 5 cm lange Stücke schneiden. Die Möhren schälen und in lange dünne Streifen schneiden.

4 1 El Sesamöl mit dem Pflanzenöl im Wok erhitzen. Knoblauch, Ingwer und die gehackten Frühlingszwiebeln 3 Minuten bei mittlerer Hitze unter Rühren anbraten. Den Paksoi putzen, waschen und abtropfen lassen, anschließend klein schneiden.

5 Möhrenstreifen dazugeben und 1 Minuten mitbraten. Abgetropfte Nudeln, restliche Frühlingszwiebeln, Pak Choy, restliches Sesamöl, Sojasauce, Mirin und Zucker zugeben, untermischen und zugedeckt 2 Minuten köcheln lassen. Pilze zugeben und zugedeckt alles 2 Minuten weiterkochen. Mit Sesam und Algen bestreuen und sofort servieren.

FÜR 4 PORTIONEN

4 El getrocknete schwarze Pilze

300 g koreanische Nudeln

3 Knoblauchzehen

1 Stück frischer Ingwer (ca. 5 cm)

6 Frühlingszwiebeln

3 Möhren

3 El Sesamöl

2 El Pflanzenöl

500 g Paksoi oder 250 g Spinat

60 ml japanische Sojasauce

2 El Mirin

1 Tl Zucker

2 El Sesam- und Algenstreupulver

ZUBEREITUNGSZEIT:

ca. 30 Minuten (plus Bratzeit) 260 kcal/1092 kJ

REISBÄLLCHEN MIT SHRIMPS

FÜR 4 PORTIONEN

200 g Basmatireis
200 g ausgelöste Shrimps
2 El Fischsauce (FP)
½ Tl fein geriebener Ingwer
1 Tl Chiliflakes
6 El Fischsauce
Saft von 1 Limette
3 fein gehackte, rote Chilischoten
1 El fein gehackter Koriander

ZUBEREITUNGSZEIT:
ca. 35 Minuten
174 kcal/729 kJ

1 Den Basmatireis nach Packungsanweisung kochen und auskühlen lassen. Für die Füllung die Shrimps mit der Fischsauce und dem fein geriebenen Ingwer vermischen. Mit feuchten Händen Reisbällchen formen, eine Delle in die Mitte drücken, die Füllung hineingeben und verschließen. Auf diese Weise 12 Bällchen herstellen.

2 Bällchen in Bambuskörbchen legen und mit Chiliflakes bestreuen. Wasser im Wok aufkochen, Körbchen darin übereinanderplatzieren. Wok mit einem Deckel schließen.

3 Nach 15 Minuten die oberen mit den unteren Körbchen tauschen. Insgesamt 30 Minuten dämpfen. Für den Dip Fischsauce mit Limettensaft, Chilis und Koriander vermischen.

REIS MIT SHIITAKE-PILZEN

1 Den Reis nach Packungsanweisung kochen und
beiseitestellen. Die Shiitake-
Pilze in Wasser einweichen.
Die Paprika in mundgerechte
Stücke schneiden. Die Lauchzwiebeln der Länge nach
halbieren und in Stücke
schneiden.

2 Das Öl im Wok erhitzen
und zuerst die Lauchzwie-
beln darin anbraten. Dann
die Paprikastücke dazugeben
und etwas weiterbraten.

3 Die abgetropften Shiitake-
Pilze wenn nötig in klei-
nere Stücke schneiden, zum
Gemüse geben und ebenfalls
anbraten. Mit Sojasauce
und Fischsauce würzen. Zum
Schluss den gekochten Reis
untermischen und noch etwas
weiterrösten, bis der Reis
richtig heiß ist.

FÜR 4 PORTIONEN

250 g Langkornreis

200 g getrocknete
Shiitake-Pilze

2 rote Paprika

1 Bund Lauchzwiebeln

4 El Pflanzenöl

2 El helle Sojasauce

2 El Fischsauce

ZUBEREITUNGSZEIT:

ca. 25 Minuten
365 kcal/1527 kJ

TIPP!

Statt roten Paprika können
Sie dieses Gericht auch mit
Möhrenscheiben probieren.

INGWER-REISBÄLLCHEN

1 Den Basmatireis nach Packungsanweisung kochen und auskühlen lassen.

2 Die Ingwerwurzel schälen und in Scheiben schneiden, den Koriander fein hacken. 3 Schalotten schälen und fein hacken, in heißem Öl kross ausbraten, herausnehmen.

3 Alles zusammen mit dem kandierten Ingwer und etwas Koriandergrün zur Füllung vermischen.

4 Die Bambuskörbchen mit Koriander und Ingwer auslegen. Mit feuchten Händen aus dem gekochten Reis Bällchen formen, eine Delle eindrücken, etwas von der Füllung hineingeben und wieder zu Bällchen formen.

5 Die Bällchen in die Bambuskörbchen legen, die restliche Schalotte in Scheiben schneiden und darübergeben.

6 Wasser im Wok erhitzen, die Bambuskörbchen darübersetzen und 10 Minuten bei geschlossenem Deckel dämpfen.

7 Etwas Sweet-Sour-Sauce über die Bällchen träufeln und den Rest als Dip dazu servieren.

FÜR 4 PORTIONEN

200 g Basmatireis
100 g Ingwerwurzel
1 Bund Koriander
4 Schalotten
2 El Pflanzenöl
2 El gehackter, kandierter Ingwer
6 El Sweet-Sour-Sauce (FP)

ZUBEREITUNGSZEIT:

ca. 40 Minuten
207 kcal/866 kJ

REISNUDEL-PFANNE

FÜR 4 PORTIONEN

400 ml Asiafond
300 g schmale Reisnudeln
500 g Tofu
3 rote Chilischoten
3 El Sesamöl
2 Stängel Zitronengras
1 frisches Stück Ingwer
(1 cm)
8 Schalotten
3 Kaffir-Limettenblätter
3 El Tomatensaft
3 El Fischsauce (FP)
2 El Palmzucker
2 El Zitronensaft
Thai-Soi zum Garnieren

ZUBEREITUNGSZEIT:
ca. 35 Minuten
338 kcal/1421 kJ

1 Den Fond erhitzen und die Reisnudeln darin ca. 10 Minuten ausquellen lassen. Den Tofu in Würfel schneiden. Die Chilischoten waschen, längs halbieren, entkernen und in Ringe schneiden. Das Öl erhitzen und den Tofu mit den Chilischoten darin andünsten.

2 Das Zitronengras waschen, trocknen und dazugeben. Den Ingwer schälen und reiben. Die Schalotten schälen, in Würfel schneiden und mit dem Ingwer zum Tofu geben. Die Limettenblätter waschen, trocknen und fein hacken. Blätter, Tomatensaft, Fischsauce, Palmzucker und Zitronensaft dazugeben.

3 Den Thai-Soi waschen und trocknen. Die Reisnudeln mit dem Tofu mischen. Alles in Schälchen anrichten und mit Thai-Soi garniert servieren.

FADENNUDELN MIT PILZEN

FÜR 4 PORTIONEN

100 g Bohnen-Fadennudeln
je 1 rote und gelbe
Paprikaschote
3–4 scharfe Chilischoten
300 g Austernpilze
3 Knoblauchzehen
1 Stück frischer Ingwer
(2 cm)
6–7 El Sesamöl
Salz, Pfeffer, Senfpulver,
1 El Chilisauce
125 ml Pilzfond (FP)

ZUBEREITUNGSZEIT:
ca. 25 Minuten
289 kcal/1215 kJ

1 Die Nudeln in warmes
Wasser legen, bis sie
weich sind. Anschließend gut
abtropfen lassen und in 3–4 cm
lange Stücke schneiden.

2 Die Paprikaschoten und
Chilischoten halbieren,
entkernen und die Schoten
waschen. In feine Würfel
schneiden. Die Pilze putzen
und in Stücke schneiden. Die
Knoblauchzehen und den Ingwer schälen und fein hacken.

3 Das Öl im Wok erhitzen
und das gesamte Ge-
müse darin portionsweise
ca. 3–4 Minuten unter Rühren

braten. Die Nudeln dazugeben
und ca. 1 Minute unter Rühren
braten.

4 Alles mit den Gewürzen
abschmecken und die
Chilisauce und den Pilzfond
dazugeben. Alles bei milder
Hitze ca. 4–5 Minuten garen.
Die Nudeln mit den Pilzen
und dem Gemüse anrichten
und servieren.

NUDELN MIT GEMÜSE UND KREBSEN

1 Die Nudeln in einer Schüssel mit warmem Wasser übergießen und 10 Minuten einweichen lassen. Dann abgießen und abtropfen lassen. Die Möhre schälen und in Scheiben schneiden. Den Paksoi putzen, waschen und in Streifen schneiden, den Staudensellerie putzen, waschen und ebenfalls klein schneiden.

2 Das Öl in einem Wok erhitzen. Den Knoblauch schälen und fein hacken. Im heißen Öl andünsten, die Möhrenscheiben zugeben und kurz mitschmoren. Paksoi und Sellerie unterheben und alles weitere 2 Minuten mitschmoren.

3 Das Krebsfleisch abtropfen lassen und mit den Nudeln unter das Wokgemüse rühren. Die restlichen Zutaten zugeben und gut untermischen. Weitere 2 Minuten unter Rühren schmoren, dann servieren.

FÜR 4 PORTIONEN

100 g Reisfadennudeln
1 Möhre*, 50 g Paksoi*
½ Staudensellerie*
2 El Sesamöl
1 Knoblauchzehe
100 g Krebsfleisch a. d. Dose*
3 El Gemüsebrühe
1 El Austernsauce*
1 El Kecap manis*
1 Tl Zucker, Pfeffer

ZUBEREITUNGSZEIT
25 Minuten (plus Einweich- und Schmorzeit)
ca. 115 kcal/482 kJ

TIPP!

Die mit einem Sternchen versehenen Zutaten können ausgetauscht werden. Gewürze und Kräuter je nach Belieben.

4-FARBEN-REISSCHÜSSEL

FÜR 4 PORTIONEN

500 g Reis, Salz

Für den grünen Reis
2–3 El Sesamöl
100 g Blattspinat (TK)
100 g Erbsen (TK)
125 ml Gemüsefond
2–3 El Sojasauce
Pfeffer, Zwiebel- und
Knoblauchpulver, Muskat

Für den violetten Reis
300 g Rote Bete a. d. Glas
Kardamom- und Nelken-
pulver

Für den orangefarbenen Reis
200 g süß-sauer eingelegter
Kürbis, 2 Bananen
2–3 Aprikosen a. d. Dose
2–3 El Sesamöl
1–2 El gelbe Currypaste

Für den roten Reis
300 g Tomato al gusto mit
Zwiebeln und Knoblauch (FP)
4–5 El Paprikapaste
Pfeffer, Zucker
2–3 El Sesamöl

ZUBEREITUNGSZEIT:
ca. 40 Minuten
700 kcal/2941 kJ

1 Den Reis in ausreichend kochendem Salzwasser nach Packungsanweisung garen. Abgießen und gut abtropfen lassen.

2 Für den grünen Reis das Sesamöl im Wok erhitzen und den grob gehackten Spinat mit den Erbsen darin kurz anbraten. Den Gemüsefond und die Sojasauce dazugeben und bei milder Hitze ca. 3–5 Minuten garen. Mit Salz, Pfeffer, Zwiebel- und Knoblauchpulver und Muskat abschmecken und ein Viertel des gegarten Reises vorsichtig unterheben. Herausnehmen und warm stellen.

3 Für den violetten Reis die Rote Bete in ein Sieb geben, gut abtropfen lassen, die Flüssigkeit dabei auffangen und die Rote Bete in feine Würfel schneiden. Zusammen mit der Flüssigkeit in den Wok geben und erhitzen. Mit Kardamom- und Nelkenpulver abschmecken und ein weiteres Viertel vom Reis unterheben. Herausnehmen und warm stellen.

4 Für den orangefarbenen Reis den Kürbis in ein Sieb geben und gut abtropfen lassen. Anschließend in feine Würfel schneiden. Die Bananen schälen und in feine Würfel schneiden. Die Aprikosen abtropfen lassen und fein hacken. Das Sesamöl erhitzen und die Kürbis- und Bananenwürfel zusammen mit den Aprikosen darin 1–2 Minuten unter Rühren braten. Alles mit der Currypaste abschmecken und ein Viertel des Reises vorsichtig unterheben. Herausnehmen und warm stellen.

5 Für den roten Reis die Tomatenwürfel mit der Paprikapaste, Salz, Pfeffer und Zucker mischen. Das Sesamöl im Wok erhitzen und die Tomatenmischung unter Rühren ca. 1–2 Minuten erwärmen. Den restlichen Reis unterheben und erwärmen. Die vier Reisbällchen auf Tellern anrichten und servieren.

EIERNUDELN MIT COCKTAIL-SHRIMPS

FÜR 4 PORTIONEN

250 g chinesische
Eiernudeln

Salz

300 g Zuckerschoten

1 Bund Frühlingszwiebeln

2 kleine milde grüne
Chilischoten

2 El Sesamöl

250 g Cocktail-Shrimps

2 El helle Sojasauce

2 El süß-saure Chilisauce

6 Eier

ZUBEREITUNGSZEIT:
ca. 35 Minuten
562 kcal/2355 kJ

1 Eiernudeln in Salzwasser nach Packungsanweisung kochen. Von den Zuckerschoten die Enden abknipsen, waschen, trocknen und Schoten halbieren. Frühlingszwiebeln waschen, putzen und in dünne Ringe schneiden. Chilischoten waschen, trocknen und in feine Streifen schneiden.

2 Das Sesamöl im Wok erhitzen und die Frühlingszwiebeln darin anbraten. Erst die Zuckerschoten, dann die Chilistreifen einrühren. Zum Schluss die Nudeln untermischen und weitere 3 Minuten mitbraten.

3 Die Shrimps hinzufügen und mit Sojasauce und Chilisauce würzen. Die Nudelmischung im Wok zur Seite schieben und die verquirlten Eier in die Mitte gießen. Unter Rühren stocken lassen und dann mit den gebratenen Nudeln vermischen.

NUDELN MIT BLATTSPINAT IN SOJASIRUP

1 Den Kürbis schälen, entkernen und das Fruchtfleisch in Streifen schneiden.

2 Den Spinat putzen, gründlich unter fließendem Wasser abspülen und trockenschütteln.

3 Die Reisnudeln in kochendem Wasser garen, dabei rühren, um die Nudeln zu trennen. Dann herausnehmen und kurz abschrecken.

4 Das Öl im Wok erhitzen und die Kürbisstreifen darin anbraten. Mit Honig und Sojasauce ablöschen und sirupartig einkochen.

5 Danach die gekochten Reisnudeln und den Spinat zugeben, vorsichtig vermischen und erhitzen.

6 Nur so lange garen, bis der Spinat zusammengefallen ist. Mit Sesam bestreut servieren.

FÜR 4 PORTIONEN

600 g Kürbis
100 g frischer Blattspinat
250 g breite Reisnudeln
4 El Pflanzenöl
2 El Honig
8 El Sojasauce
2 El Sesam

ZUBEREITUNGSZEIT:
ca. 25 Minuten
342 kcal/1431 kJ

FRITTIERTE GLASNUDELN

FÜR 4 PORTIONEN

400 g Pastinaken
½ Bund Frühlingszwiebeln
300 g Zuckerschoten
3–4 El Erdnussöl
Salz
Pfeffer
Muskat
Senfpulver
3–4 El Ahornsirup
2–3 El Dijonsenf
Erdnussöl zum Frittieren
120 g Glasnudeln

ZUBEREITUNGSZEIT:
ca. 30 Minuten
435 kcal/1828 kJ

1 Die Pastinaken schälen und in kleine Würfel schneiden. Die Frühlingszwiebeln putzen, waschen, trocknen und in ca. 2–5 cm lange Stücke schneiden. Die Zuckerschoten putzen, waschen und gut abtropfen lassen.

2 Das Öl im Wok erhitzen und das Gemüse unter Rühren portionsweise ca. 3–4 Minuten braten. Mit den Gewürzen abschmecken, herausnehmen und gut abtropfen lassen.

3 Den Ahornsirup und den Senf in das verbliebene Bratfett rühren und vorsichtig erwärmen. Das Gemüse wieder dazugeben und glacieren. Herausnehmen und warm stellen.

4 Den Wok säubern und ausreichend Erdnussöl zum Frittieren darin erwärmen. Die Glasnudeln darin portionsweise knusprig frittieren. Das Gemüse mit den Glasnudeln anrichten und servieren.

TIPP!

Wer keine Pastinaken bekommt, der kann stattdessen auch die gleiche Menge Sellerieknolle oder auch Petersilienwurzel verwenden.

JOGHURTREIS MIT LINSEN

1 Den Reis zusammen mit den Linsen in dem Gemüsefond ca. 20 Minuten kochen lassen. Mit Salz, Pfeffer, Koriander- und Ingwerpulver abschmecken.

2 Die Butter im Wok erhitzen. Die gut abgetropften Perlzwiebeln darin unter Rühren 4–5 Minuten braten.

3 Die Reis-Linsen-Mischung in ein Sieb geben und gut abtropfen lassen. Zu den Perlzwiebeln geben.

4 Alles mit Kreuzkümmel- und Nelkenpulver abschmecken. Den Essig dazugeben und alles bei milder Hitze ca. 3–5 Minuten garen.

5 Den Joghurt vorsichtig unterheben und alles sofort anrichten und servieren.

FÜR 4 PORTIONEN

100 g Vollkornreis

50 g kleine grüne Puy-Linsen

500 ml Gemüsefond (FP)

Salz, Pfeffer

Koriander- und Ingwerpulver

60 g Pfefferbutter

100 g Perlzwiebeln aus dem Glas

Kreuzkümmel- und Nelkenpulver

1 El Himbeeressig

4–5 El Naturjoghurt

ZUBEREITUNGSZEIT:
ca. 30 Minuten
298 kcal/1253 kJ

REISVERMICELLI MIT KORIANDER-SALSA

FÜR 4 PORTIONEN

250 g Reisvermicelli
je 2 rote und gelbe Paprika
6 Blätter Koriander
4 El Pflanzenöl
4 El Fischsauce
2 El Honig
2 El weißer Reisessig

ZUBEREITUNGSZEIT:
ca. 25 Minuten
229 kcal/957 kJ

1 Reisvermicelli nach Packungsanweisung kochen, abgießen, abschrecken und in einem Sieb abtropfen lassen.

2 Die Paprika putzen, waschen, entkernen und in Würfel schneiden. Korianderblätter in feine Streifen schneiden.

3 Öl im Wok erhitzen, die Paprikawürfel darin mit den Korianderblättern kurz und scharf anbraten. Nicht zu lange garen, die Paprika sollten noch Biss haben.

4 Die gekochten Reisvermicelli dazugeben, mit der Fischsauce, dem Honig und dem Reisessig ablöschen, nur kurz durchschwenken und sofort anrichten.

GEFLÜGEL

Inbegriff der Asia-Geflügelküche ist die international bekannte Peking-Ente. In diesem Kapitel möchten wir Ihnen zeigen, dass die asiatische Küche weitaus mehr zu bieten hat. Genießen Sie Wok-Rezepte mit Hähnchen, Pute, Ente, Perlhuhn, Gans oder Fasan. Ob geschmort, frittiert oder mit Gewürzpaste mariniert – die Vielfalt der Zubereitung wird nur noch durch den Genuss übertroffen.

PERLHUHN-HÄPPCHEN

FÜR 4 PORTIONEN

600 g Perlhuhnbrustfilet
3–4 El Zitronenpfeffer
150 g Kichererbsenmehl
2–3 Tl Öl
1 Tl gemahlener
Kreuzkümmel
¼ Tl gemahlener Koriander
¼ Tl Cayennepfeffer
1 Prise Salz
Erdnussöl zum Frittieren
1 Bund Minze
1 Bund Zitronenmelisse
200 g Joghurt
2 El Crème double
Piment-, Knoblauch- und
Senfpulver
Pfeffer
½ Kopf Lollo Rosso

ZUBEREITUNGSZEIT:
ca. 30 Minuten
(plus Zeit zum Ziehen)
716 kcal/3010 kJ

1 Das Fleisch in dünne Streifen schneiden. Die Fleischstreifen mit Zitronenpfeffer würzen und ca. 10–15 Minuten durchziehen lassen. Das Mehl mit dem Öl, den Gewürzen und 50 ml Wasser verrühren. Ausreichend Erdnussöl im Wok erhitzen.

2 Die Fleischstreifen durch den Teig ziehen und im heißen Erdnussöl goldbraun ausbacken. Die Kräuter waschen, trocknen und fein hacken. Den Joghurt mit der Crème double glatt rühren. Die Kräuter unterheben und mit Piment-, Knoblauch- und Senfpulver, Salz und Pfeffer abschmecken.

3 Den Salat waschen, trocknen und eine große Platte mit den Salatblättern auslegen. Den Joghurt-Dip in ein Schälchen geben und in die Mitte der Platte setzen. Die Fleischstreifen darum herum verteilen und servieren.

PUTENRAGOUT MIT KOKOS

1 Das Putenbrustfilet waschen, trocknen und in Streifen schneiden. Die Paprikaschote waschen, halbieren, entkernen und in Streifen schneiden.

2 Die Frühlingszwiebeln putzen, waschen und in 5 cm lange Stücke schneiden. Das Basilikum waschen und trocknen. Die Blätter von den Stielen zupfen und die Hälfte fein hacken. Restliche Blätter zum Garnieren beiseitelegen.

3 Die Kokosmilch im Wok aufkochen, das Fleisch und die Currypaste unterrühren und alles ca. 1 Minute köcheln lassen. Dabei ab und zu umrühren. Das vorbereitete Gemüse dazugeben und weitere 3 Minuten köcheln lassen. Gehacktes Basilikum, Sojasauce und Zucker dazugeben und abschmecken.

FÜR 4 PORTIONEN

600 g Putenbrustfilet

1 rote Paprikaschote

250 g Frühlingszwiebeln

1 Bund Basilikum

400 ml ungesüßte Kokosmilch

1 El rote Currypaste

2 El Sojasauce

1 El Zucker

ZUBEREITUNGSZEIT:

ca. 20 Minuten
290 kcal/1221 kJ

PUTENBRUST MIT LITSCHIS

FÜR 4 PORTIONEN

4 Putenbrüste*
3 Schalotten*
5 Frühlingszwiebeln*
1 Banane*
12 frische Litschis*
4 El Maiskeimöl
1 Tl Currypulver
Saft von 1 Orange
100 ml Kokoscreme
1 Tl Cayennepfeffer
2 El frisch gehackter
Koriander

ZUBEREITUNGSZEIT

30 Minuten
(plus Bratzeit)
ca. 355 kcal/1491 kJ

1 Das Fleisch quer zur Faser in Streifen schneiden. Schalotten schälen und in Ringe schneiden, Frühlingszwiebeln putzen, waschen, längs halbieren und in Stücke schneiden. Banane schälen und in Würfel schneiden. Die Litschis schälen und den Kern entfernen.

2 2 El Öl im Wok erhitzen und das Fleisch darin von allen Seiten gut braten, bis es gar ist. Fleisch aus dem Wok nehmen und beiseite stellen.

3 Das restliche Öl im Wok erhitzen und Schalotten mit Frühlingszwiebeln darin etwa 1 Minute schmoren. Curry, Orangensaft und Kokoscreme unterrühren und die Sauce aufkochen lassen.

4 Banane, Litschis und Putenstücke mit Saft dazugeben und unter Rühren erhitzen. Mit Salz und Cayennepfeffer abschmecken. Mit Koriander bestreut servieren.

TIPP!

Die mit einem Sternchen versehenen Zutaten können ausgetauscht werden. Gewürze und Kräuter je nach Belieben. So können Sie statt der Putenbrüste natürlich Hähnchenfleisch oder aber auch Tofu verwenden, statt der Schalotten einfach mehr Frühlingszwiebeln oder normale Haushaltszwiebeln. Die Litschis können Sie durch Ananas oder Mango ersetzen und statt der Banane eine Kaki-Frucht verwenden.

HUHN IN APRIKOSENSAUCE

1 Das Hühnerbrustfilet in etwa 2 cm große Stücke schneiden. Den Ingwer, die Schalotte und den Knoblauch schälen und fein hacken.

2 Die Hälfte des Ingwers mit Knoblauch, Sesamöl und 3 El Sojasauce verrühren. Das Zitronengras putzen, waschen und klein gehackt unterrühren.

3 Hühnerfleisch dazugeben und vermischen. Fleisch darin mindestens 3 Stunden, besser über Nacht zugedeckt im Kühlschrank marinieren lassen.

4 Restlichen Ingwer mit Sambal Oelek, restlicher Sojasauce und Limettensaft verrühren. Frühlingszwiebeln putzen, waschen und in Ringe schneiden. Aprikosenkonfitüre mit den Frühlingszwiebelringen untermischen.

5 In einem Wok das Öl erhitzen. Hühnerfleisch darin unter Rühren garen. Über das fast gare Fleisch etwas von der Marinade träufeln. Fleisch mit der Sauce servieren.

FÜR 4 PORTIONEN

700 g Hühnerbrustfilet
1 Stück frischer Ingwer (ca. 4 cm)
1 Schalotte
1 Knoblauchzehe
3 El helles Sesamöl
6 El helle Sojasauce
1 Stange Zitronengras
½ Tl Sambal Oelek
2 El Limettensaft
4 Frühlingszwiebeln
4 El Aprikosenkonfitüre
2–3 El Öl zum Braten

ZUBEREITUNGSZEIT:
ca. 30 Minuten
(plus Marinierzeit)
245 kcal/1027 kJ

HUHN IN ZITRONENSAUCE

FÜR 4 PORTIONEN

700 g Hühnerbrustfilet
1 Eigelb
2 Tl Sojasauce
2 El trockener Sherry
5 ½ El Stärke
2 ½ El Weizenmehl
Öl zum Frittieren
80 ml Zitronensaft
2 El Zucker
4 Frühlingszwiebeln in
mundgerechten Stücken

ZUBEREITUNGSZEIT:
ca. 45 Minuten
243 kcal/1021 kJ

1 Hühnerbrustfilet in etwa 1 cm breite Streifen schneiden. Eigelb mit 1 El Wasser, Sojasauce, 1 El Sherry und 1 ½ El Stärke in einer Schüssel glatt verrühren. Mischung über das Fleisch gießen, vermischen und 10 Minuten ziehen lassen.

2 3 El Stärke mit Mehl auf einen Teller sieben, marinierte Fleischstreifen darin wenden. Öl in einem Wok erhitzen und das Fleisch darin goldbraun frittieren. Herausnehmen und auf Küchenpapier abtropfen lassen, beiseitestellen.

3 Zitronensaft mit 2 El Wasser, Zucker und restlichem Sherry bei mittlerer Hitze unter Rühren aufkochen und rühren, bis der Zucker aufgelöst ist. Restliche Stärke mit 1 El Wasser glatt verrühren, dazugeben und Sauce damit binden. Fleisch mit Frühlingszwiebeln anrichten und mit Sauce beträufeln.

ZITRONENENTE

1 Honig, Anis, Sojasauce, Ingwer, Zitronenschale und Zitronensaft 10 Minuten kochen. Durchsieben und zu Sirup kochen.

2 Entenkeulen pfeffern und salzen, und mit der Hautseite nach unten in Öl langsam 12 Minuten braten. Fleisch wenden und 10 Minuten weiterbraten. Während der gesamten Bratzeit mit Marinade bestreichen.

3 Knoblauchzehen schälen und halbieren, Porree putzen, waschen und schräg in 2 cm dicke Scheiben schneiden. Mit Knoblauch und Mandeln langsam 10 Minuten in der Butter braten und zu den Entenkeulen servieren.

FÜR 4 PORTIONEN

3 El Honig

1 ½ Tl Anis

1 Tl Sojasauce

1 Tl gemahlener Ingwer

abgeriebene Schale und Saft von 1 unbehandelten Zitrone

4 Entenkeulen

Pfeffer, Salz, 1–2 El Olivenöl

1 Knolle frischer Knoblauch

2 Stangen Porree, 1 El geschälte Mandeln, 2 El Butter

ZUBEREITUNGSZEIT:

ca. 15 Minuten
(plus Koch- und Bratzeit)
463 kcal / 1943 kJ

ENTE AUF ZITRONENGRASSPIESS

FÜR 4 PORTIONEN

200 g Basmatireis
4 Entenbrüste (à 160 g)
10–12 Stangen Zitronengras
5 Knoblauchzehen
1 Stück frischer Ingwer
(ca. 3 cm)
225 ml Hoisin-Sauce
225 ml Sojasauce
4 El Sesamöl
5 cl Reiswein
3–4 El Honig
1–2 Tl Chinagewürz
Salz
Pfeffer
125 g Tempuramehl
3 Eiweiß
2 kleine Zucchini
Öl zum Frittieren

ZUBEREITUNGSZEIT:

ca. 20 Minuten
(plus Bratzeit)
610 kcal/2562 kJ

1 Den Reis nach Packungs-aufschrift kochen. Die Entenbrüste schräg in 3–4 gleich große Stücke schneiden.

2 Das Zitronengras putzen, waschen und die Enten-brustscheiben darauf auf-spießen.

3 Backofen auf 200 °C vor-heizen. Den Knoblauch schälen und zerdrücken. Den Ingwer schälen und fein hacken.

4 Knoblauch, Ingwer, Hoisin-Sauce, Sojasauce, Sesamöl, 4 cl Reiswein, Honig und Chinagewürz zu einer Marinade verrühren.

5 Fleisch salzen und pfeffern, auf der Hautseite zuerst kross anbraten, wenden und noch 1 Minute braten. An-schließend mit der Marinade einstreichen.

6 Im vorgeheizten Backofen etwa 10 Minuten braten. Alle 2 Minuten mit der Mari-nade bestreichen.

7 Tempuramehl mit etwas Wasser und dem Eiweiß verrühren.

8 Zucchini putzen, waschen und in etwa 0,5 cm dicke Scheiben schneiden.

9 Öl erhitzen und Zucchini-scheiben nacheinander durch den Teig ziehen und im Öl goldbraun frittieren. Heraus-nehmen und auf Küchenpapier abtropfen lassen.

10 Bratenfond mit der restlichen Marinade und dem restlichen Reiswein kochen lassen, bis eine sämige Sauce entsteht.

11 Sauce passieren und über die ange-richteten Entenbrustspieße träufeln.

GÄNSEBRUST MIT KICHERERBSEN

FÜR 4 PORTIONEN

300 g Kichererbsen
aus der Dose

200 g Alfalfasprossen

1 Bund Frühlingszwiebeln

100 g Mais aus der Dose

3–4 El Chiliöl

½ Bund Bohnenkraut

125 ml Malzbier

Koriander-, Nelken- und
Senfpulver

400 g geräucherte
Gänsebrust

ZUBEREITUNGSZEIT:
ca. 20 Minuten
459 kcal/1930 kJ

1 Die Erbsen in ein Sieb geben und gut abtropfen lassen. Die Alfalfasprossen waschen und trocknen.

2 Die Frühlingszwiebeln putzen, waschen und in feine Röllchen schneiden. Die Maiskörner auf ein Sieb geben und gut abtropfen lassen.

3 Das Öl im Wok erhitzen und das Gemüse darin portionsweise 4–5 Minuten pfannenrühren.

4 Das Bohnenkraut waschen, trocknen und die Blättchen abzupfen. Zusammen mit dem Malzbier zu den Kichererbsen geben und alles bei milder Hitze ca. 4–5 Minuten garen.

5 Das Gemüse mit Korian-der-, Nelken- und Senf-pulver abschmecken. Die Gänsebrust in dünne Scheiben schneiden und zusammen mit dem Kichererbsengemüse und den Alfalfasprossen anrichten und servieren.

GÄNSEBRUST MIT OBST

1 Die Gänsebrust in Streifen schneiden. Den Lauch putzen, waschen und in dünne Ringe schneiden. Die Pomelos und die Grapefruits so schälen, dass die weiße Haut entfernt wird. Anschließend die Filets vorsichtig heraustrennen.

2 Die Guaven zunächst in Spalten schneiden, schälen und dann in Würfel schneiden. Die Kaffir-Limetten waschen, schälen und die Schale fein hacken. Die Blätter waschen und ebenfalls fein hacken. Das Zitronengras putzen, waschen und fein hacken.

3 Das Öl in einem Wok erhitzen und das Fleisch darin anbraten. Nach ca. 3 Minuten Pomelos, Grapefruits, Limettenschale, -blätter, Guaven und Zitronengras dazugeben. Alles mit den Gewürzen abschmecken. Nach ca. 8 Minuten alles in Schälchen anrichten und mit den Limettenscheiben garniert servieren.

FÜR 4 PORTIONEN

900 g geräucherte Gänsebrust

1 Stange Lauch

2 Pomelos

2 rosa Grapefruits

2 Guaven

4 Kaffir-Limetten

2 Kaffir-Limettenblätter

1 Stängel Zitronengras

4 El Erdnussöl

Je 1 Tl Kardamom-, Anis-, Nelken- und Ingwerpulver

dünne Limettenscheiben zum Garnieren

ZUBEREITUNGSZEIT:

ca. 30 Minuten
789 kcal/3315 kJ

INFO!

Pomelos sind eine Kreuzung aus Pampelmusen und Grapefruits. Sie besitzen ein birnenförmiges Aussehen und haben eine weißgelbe bis grünliche Schale.

HÄHNCHENFLÜGEL MIT ORANGENSAUCE

1 Hühnerflügel mit Salz und Pfeffer würzen. Sesamöl mit Honig verrühren und mit den Hühnerflügeln sorgfältig vermischen, 30 Minuten ziehen lassen.

2 Das Pflanzenöl in einem Wok erhitzen und die Hühnerflügel darin auf jeder Seite 4 Minuten kräftig anbraten, bis sie fast gar sind.

3 Wok vom Herd nehmen, Hähnchenflügel herausnehmen und warm halten. Orange heiß abwaschen, trockenreiben, die Schale abreiben und einige Zesten reißen. Die Orange auspressen.

4 Zucker ohne Rühren langsam erhitzen, bis der Zucker karamellisiert, vom Herd nehmen. Orangensaft und Bratensud dazugeben. Bei geringer Hitze rühren, bis eine glatte Sauce entsteht. Eventuell noch etwas Wasser oder Orangensaft hinzugießen.

5 Hälfte der geriebenen Orangenschale unterrühren und 3 Minuten leicht köcheln. Hähnchenflügel anrichten. Die Orangensauce über die Flügel gießen, alles mit der restlichen Orangenschale bestreuen und servieren.

FÜR 4 PORTIONEN

12 Hähnchenflügel
Salz
Pfeffer
3 El Sesamöl
4–5 El dünnflüssiger Honig
5 El Pflanzenöl
1 Orange
1 ½ El Zucker

ZUBEREITUNGSZEIT:

ca. 40 Minuten
(plus Marinierzeit)
398 kcal/1670 kJ

HÜHNCHEN IN INGWERWEIN

FÜR 4 PORTIONEN

400 g Hühnerbrustfilet
1 Stück frischer Ingwer
(3 cm)
3 Knoblauchzehen
3–4 El Sesamöl
Salz
Pfeffer
Ingwer- und
Korianderpulver
3 El Gewürz-Ketchup
4 cl trockener Sherry
2 cl Pflaumenschnaps
½ Bund Koriandergrün
Tabasco

ZUBEREITUNGSZEIT:
ca. 20 Minuten
397 kcal/1668 kJ

1 Das Hühnerbrustfilet waschen, trocknen und in feine Streifen schneiden. Den Ingwer schälen und fein reiben. Die Knoblauchzehen schälen und in feine Würfel schneiden.

2 Das Öl im Wok erhitzen und die Fleischstreifen mit dem Ingwer und den Knoblauchwürfeln unter Rühren ca. 5–6 Minuten anbraten. Mit Salz, Pfeffer, Ingwer- und Korianderpulver würzen.

3 Ketchup, Sherry und Pflaumenschnaps in den Wok geben und weitere 3–5 Minuten bei milder Hitze garen. Den Koriander waschen, trocknen und die Blättchen abzupfen.

4 Das Hühnchen mit Tabasco verfeinern und mit Koriander garniert servieren. Dazu passt Krabbenbrot.

CHILI-GEFLÜGEL-CURRY

FÜR 4 PORTIONEN

6 milde grüne Peperoni
3 rote Chilischoten
1 gelbe Paprikaschote
1 rote Paprikaschote
1 Putenbrustfilet
4 El Sesamöl
1 El Chiliöl
2 El Fünf-Gewürz-Pulver
3 El grüne Currypaste (FP)
500 ml Geflügelfond
250 ml Asiafond
3 El Fischsauce (FP)
3 El helle Sojasauce
2 Kaffir-Limettenblätter
1 El Zitronensaft

ZUBEREITUNGSZEIT:
ca. 35 Minuten
571 kcal/2401 kJ

1 Die Peperoni, die Chili-schoten und die Paprika-schoten waschen, längs halbieren, entkernen und in Streifen schneiden.

2 Das Fleisch waschen, trocknen und ebenfalls in Streifen schneiden. Das Öl erhitzen und das Fleisch darin andünsten.

3 Das Gemüse dazugeben. Das Fünf-Gewürz-Pulver und die Currypaste unterrüh-ren. Anschließend das Ganze mit dem Fond angießen. Die Fischsauce und die Sojasauce unterrühren.

4 Die Kaffir-Limettenblätter waschen, trocknen, fein hacken und zusammen mit dem Zitronensaft dazu-geben. Alles bei milder Hitze ca. 10 Minuten ziehen lassen. Dazu Duftreis servieren.

TIPP!

Grüne Currypaste können Sie auch selbst zubereiten. Für 1 Glas brauchen Sie 3 Schalotten, 4 Knoblauchzehen, 1 Stück Galgant, 6 grüne Chilis, 1 Stängel Zitronengras, 1 Bund Koriander, 1 Zweig Minze, 1 unbehandelte Limette, 2 Limettenblätter, je 1 Tl Koriander, Kreuzkümmel, Pfeffer und Salz sowie 6 El Erdnussöl. Alles (auch die Limettenschale) miteinander im Mörser zermalmen und mit Öl bedeckt im Kühlschrank aufbewahren.

HÜHNERBRUSTFILET MIT TOFU

1 Das Hühnerbrustfilet waschen, trocknen und in feine Streifen schneiden. Die Schalotten schälen und fein würfeln.

2 Kürbis, Maiskölbchen und Sellerie in ein Sieb geben und gut abtropfen lassen. Alles in feine Streifen schneiden. Die Fleischstreifen mit dem Gemüse mischen.

3 Das Öl mit der Hoisin-Sauce und dem Reiswein verrühren, über die Fleisch-Gemüse-Mischung geben und ca. 15 Minuten marinieren lassen. Anschließend im Wok mit der Marinade 8–10 Minuten schmoren.

4 Den Tofu würfeln und vorsichtig unterheben. Alles mit dem Fünf-Gewürz-Pulver kräftig abschmecken und in Schälchen servieren.

FÜR 4 PORTIONEN

300 g Hühnerbrustfilet

2 Schalotten

100 g eingelegter Kürbis

100 g Maiskölbchen aus der Dose

100 g eingelegter Sellerie

2–3 El Sesamöl

3–4 El Hoisin-Sauce (FP)

3–4 El Reiswein

100 g Tofu

Fünf-Gewürz-Pulver

ZUBEREITUNGSZEIT:

ca. 30 Minuten
(plus Marinier-
und Schmorzeit)
324 kcal/1363 kJ

PIKANTE HÄHNCHENKEULEN

1 Die Hähnchenkeulen waschen, trocknen und die Haut kreuzweise einritzen. Die Pilze putzen und in Scheiben schneiden.

2 Den Fenchel putzen, waschen und in Scheiben schneiden. Das Grün zum Garnieren beiseitelegen.

3 Von den Zuckerschoten die Spitzen abschneiden und waschen. Die Pastinaken schälen und in Scheiben schneiden.

4 Die Hähnchenkeulen kräftig mit den Gewürzen einreiben und in dem Öl von allen Seiten anbraten.

5 Das Gemüse in einen Bambuskorb legen. Die Hähnchenkeulen darauf geben und alles zusammen 15–20 Minuten im Wok dämpfen.

6 Die Hähnchenkeulen mit dem Gemüse anrichten und mit Fenchelgrün garniert servieren.

FÜR 4 PORTIONEN

4 Hähnchenkeulen
(à 200 g)
200 g Riesenchampignons
100 g Fenchel
100 g Zuckerschoten
100 g Pastinaken
Salz
Pfeffer
Paprikapulver
Senfpulver
2–3 El Erdnuss- oder
Sesamöl

ZUBEREITUNGSZEIT:
ca. 30 Minuten
625 kcal/2625 kJ

KNUSPRIGE ENTE MIT ANANAS

FÜR 4 PORTIONEN

180–200 g Vollkornmehl
1 El Walnussöl
4–5 El Milch
2–3 Eier
1 Prise Salz
125 ml Portwein
100 g Kokosraspel
2 Babyananas
800 g Entenbrustfilet
Erdnussöl zum Frittieren
150 g Mandarinen
aus der Dose
150 g süß-sauer eingelegter
Ingwer (FP)
2–3 El Ketchup
Koriander-, Nelken- und
Anispulver
Cayennepfeffer
150 g Mayonnaise
100 g Joghurt
1 kleiner Apfel
1 Banane
2 El Currypulver
1 El gehackte Mandeln
1 El Ahornsirup
½ Bund Zitronenmelisse
1 unbehandelte Zitrone

ZUBEREITUNGSZEIT:
ca. 30 Minuten
1394 kcal/5869 kJ

1 Das Mehl mit dem Öl, der Milch, den Eiern, Salz, dem Portwein und den Kokosraspeln zu einem glatten Teig verrühren. Die Babyananas schälen, vierteln und den Strunk entfernen.

2 Das Entenfilet waschen, trocknen und in Würfel schneiden. Ausreichend Erdnussöl im Wok erhitzen.

3 Die Fleischwürfel und die Ananasviertel durch den Teig ziehen und portionsweise ca. 6–8 Minuten ausbacken. Herausnehmen, auf Küchenpapier abtropfen lassen und warm halten.

4 Für den roten Dip die Mandarinen und den Ingwer in einem Sieb abtropfen lassen. Mit Ketchup, Koriander-, Nelken- und Anispulver und Cayennepfeffer würzen und mit dem Schneidstab des Handrührgerätes pürieren.

5 Für den gelben Dip die Mayonnaise mit dem Joghurt glatt rühren. Den Apfel und die Banane schälen und in feine Würfel schneiden. Zusammen mit dem Currypulver, den Mandeln und dem Ahornsirup unter die Joghurt-Mayonnaise rühren. Mit Salz abschmecken.

6 Die Zitronenmelisse waschen, trocknen und die Blättchen abzupfen. Die Zitrone waschen und in Scheiben schneiden.

7 Die beiden Dips zusammen mit den Fleisch- und Ananaswürfeln anrichten. Mit Zitronenscheiben und Zitronenmelisse garniert servieren.

FLEISCH & WILD

Ganz schön scharf oder auch süß-sauer:
Die besondere Zubereitung im Wok
verspricht Fleischliebhabern höchsten
Genuss. Durch das rasche Garen im
Wok bei hoher Temperatur wird das
Fleisch außen knusprig und kross und
bleibt innen zart und saftig. Entdecken
Sie asiatische Spezialitäten mit Schwein,
Rind, Lamm und Wild, die jeweils mit
ganz bestimmten Gewürzen, Kräutern
und Gemüsesorten harmonieren.

RINDFLEISCH NACH SZECHUAN-ART

1 Rindfleisch in dünne Scheiben schneiden. Das Eiweiß mit Maisstärke und 1 El Sojasauce verrühren und das Rindfleisch darin ziehen lassen.

2 Zwiebeln und Knoblauch schälen, Zwiebeln in feine Ringe schneiden. Paprikaschoten und Chili putzen, waschen und klein hacken. Porree putzen, waschen und in feine Streifen schneiden. Aubergine putzen, waschen und würfeln. Ingwer schälen und klein hacken.

3 Den Zucker mit der restlichen Sojasauce, Reisessig und Reiswein verrühren und beiseitestellen.

4 Öl im Wok erhitzen. Rindfleisch bei starker Hitze unter ständigem Rühren darin anbraten. Salzen und Pfeffern. Herausnehmen und beiseitestellen.

5 Etwas Öl erhitzen, Auberginen, Zwiebeln, Ingwer und das restliche Gemüse anbraten, Knoblauch dazupressen. Alles bei starker Hitze pfannenrühren. Fleisch untermischen. Sauce dazugießen und alle Zutaten gut miteinander verrühren. Dazu passt Reis.

FÜR 4 PORTIONEN

500 g Rindfleisch
1 Eiweiß
1 El Maisstärke
4 El Sojasauce
2 Zwiebeln
2 Knoblauchzehen
je 1 gelbe und grüne Paprikaschote
2 Chilischoten
1 kleine Stange Porree
1 kleine Aubergine
1 Stück frischer Ingwer (ca. 3 cm)
1 Tl Zucker
1 Tl Reisessig
2 El Reiswein
Öl zum Braten
1 Prise Salz, Pfeffer

ZUBEREITUNGSZEIT:
ca. 20 Minuten (plus Bratzeit)
278 kcal/1165 kJ

PIKANTE PFEFFERPFANNE

FÜR 4 PORTIONEN

600 g Rumpsteak
4–5 El Sesamöl
50 g eingelegte grüne
Pfefferkörner
100 g Mandarinen
aus der Dose
Salz
½ Bund Schnittlauch

ZUBEREITUNGSZEIT:
ca. 20 Minuten
449 kcal/1886 kJ

1 Das Fleisch in feine Strei-fen schneiden. Das Öl im Wok erhitzen und die Fleischstreifen unter Rühren ca. 3–4 Minuten darin braten.

2 Die Pfefferkörner gut abtropfen lassen und dazugeben. Die Mandarinen auf ein Sieb geben und ebenfalls gut abtropfen lassen. Den Saft dabei auffangen.

3 Die Mandarinen in den Wok geben und alles ca. 1–2 Minuten schmoren lassen. Die Pfefferpfanne mit 2–3 El des aufgefangenen Mandarinensaftes und Salz abschmecken.

4 Den Schnittlauch waschen, trocknen und in feine Röll-chen schneiden. Die Pfeffer-pfanne anrichten und mit Schnittlauch bestreut servieren.

INFO!

Verwirrenderweise werden viele scharfe Früchte „Pfeffer" genannt, wie zum Beispiel Chilis in Form von „Cayennepfeffer" oder die gemahlenen Blätter der Dornesche, die unter der Bezeichnung „Sanchopfeffer" im Handel zu Finden sind.

RINDERFILET IN MUSSAMAN-CURRY

1 Das Fleisch in Scheiben schneiden. Das Öl in einem Wok erhitzen. Currypaste hinzugeben und unter ständigem Rühren braten, bis sie anfängt zu duften.

2 Die Kokosmilch unter Rühren dazugießen und alles aufkochen. Kartoffelwürfel, Zwiebeln, Erdnüsse, Zimt und Kardamom in den Wok geben und alles zugedeckt 20 Minuten köcheln lassen.

3 Fleisch hinzugeben und 10 Minuten darin gar ziehen lassen. Alles mit Fischsauce, Tamarindensaft und Palmzucker abschmecken. Sobald die Kartoffeln und das Fleisch gar sind, servieren.

FÜR 4 PORTIONEN

500 g Rinderfilet
2 El Öl
4 El Mussaman-Currypaste
1 l Kokosmilch
500 g gewürfelte Kartoffeln
1 gehackte Zwiebel
75 g ungesalzene Erdnüsse
1 Zimtstange
einige Kardamomsamen
3 El Fischsauce
3 El Tamarindensaft
2 El Palmzucker

ZUBEREITUNGSZEIT:

ca. 15 Minuten
(plus Garzeit)
335 kcal/1407 kJ

SAURE LAMMSTREIFEN

FÜR 4 PORTIONEN

500 g Lammfilet
2–3 El Sesamöl
Salz
Pfeffer
Knoblauch-, Ingwer- und
Kardamompulver
1 Msp. Rosmarinpulver
250 g Mixed Pickles
1–2 El Schmand

ZUBEREITUNGSZEIT:
ca. 40 Minuten
267 kcal/1121 kJ

1 Das Fleisch waschen, trocknen und in feine Streifen schneiden. Das Öl mit den Gewürzen verrühren und die Fleischstreifen ca. 15–20 Minuten darin marinieren lassen.

2 Die Fleischstreifen mit der Marinade in einen erhitzten Wok geben und ca. 5–6 Minuten unter Rühren braten.

3 Die Mixed Pickles samt Flüssigkeit dazugeben und 3–4 Minuten schmoren. Den Schmand unterrühren, die Fleischstreifen und das Gemüse auf Schälchen anrichten und servieren.

PIKANTE FLEISCHPFANNE

FÜR 4 PORTIONEN

1 kg mageres
Schweinefleisch

12 Knoblauchzehen

2 Schalotten

1 ½ Tl frisch gemahlener
schwarzer Pfeffer

3 El Fischsauce (FP)

2 El Rotweinessig

1 El helle Sojasauce

1 El dunkle Sojasauce

1 El gelbe Currypaste (FP)

1 El Chilisauce (FP)

5 El Sonnenblumenöl

1 Bittergurke

100 g entkernte
schwarze Oliven

2 El Sesamsaat

frisch geriebene Muskatnuss

ZUBEREITUNGSZEIT:
ca. 40 Minuten
(plus Zeit zum Marinieren)
634 kcal/2665 kJ

1 Das Fleisch in 4 cm lange und 2 cm breite Streifen schneiden und in eine Schüssel geben.

2 Knoblauch schälen und in dünne Scheiben schneiden. Die Schalotten schälen und in Würfel schneiden.

3 Beides mit Pfeffer, Fischsauce, Rotweinessig, Sojasauce, Currypaste und Chilisauce verrühren.

4 Die Sauce über das Fleisch geben und zugedeckt ca. 1 Stunde marinieren lassen.

5 Die Gurke waschen, längs halbieren und in Scheiben schneiden. Oliven abtropfen lassen und halbieren.

6 Öl in einem Wok erhitzen und das Fleisch darin anbraten. Bittergurke, Oliven und die Sesamsaat dazugeben.

7 Alles mit Muskat abschmecken und weitere 7 Minuten ziehen lassen. Das Ganze auf Tellern anrichten und servieren.

SCHARFES CURRY

1 Das Fleisch in feine Würfel schneiden. Das Öl im Wok erhitzen und das Fleisch darin unter Rühren scharf anbraten. Herausnehmen und warm stellen.

2 Die Zwiebel-Knoblauch-Mischung, den Gemüsefond, die Pflaumensauce und die Currypaste in das verbliebene Bratfett geben und bei milder Hitze ca. 2–3 Minuten köcheln lassen.

3 Das Fleisch dazugeben und ca. 6–7 Minuten schmoren lassen. Das Curry mit den gerösteten Pinienkernen bestreuen und zusammen mit Reis servieren.

FÜR 4 PORTIONEN

600 g ausgelöstes Schweinekotelett

5–6 El Sesamöl

100 g Zwiebel-Knoblauch-Mischung (TK)

125 ml Gemüsefond

1 El Pflaumensauce (FP)

2 El grüne Currypaste

1–2 El Pinienkerne

ZUBEREITUNGSZEIT:
ca. 20 Minuten
360 kcal/1513 kJ

WILD MIT PFLAUMEN

FÜR 4 PORTIONEN

400 g Hirschfilet

4–5 El Sesamöl

150 g Pflaumen
aus dem Glas

125 ml Wildfond (FP)

3–4 El Pflaumenmus

3–4 El Altbier

1 El Rotweinessig

Salz

Cayennepfeffer

Ingwer-, Nelken- und
Korianderpulver

½ Bund Koriandergrün

ZUBEREITUNGSZEIT:
ca. 20 Minuten
295 kcal / 1241 kJ

1 Das Fleisch in dünne Scheiben schneiden. Das Öl im Wok erhitzen und die Scheiben darin unter Rühren ca. 3–4 Minuten anbraten.

2 Die Pflaumen in ein Sieb geben und gut abtropfen lassen. Zu dem Fleisch geben und alles mit dem Wildfond ablöschen.

3 Pflaumenmus, Altbier und Essig dazugeben und ca. 6–8 Minuten schmoren lassen. Mit Salz, Cayennepfeffer, Ingwer-, Nelken- und Korianderpulver kräftig abschmecken.

4 Das Koriandergrün waschen, trocknen und fein hacken. Das Fleisch anrichten und mit dem Koriandergrün bestreut servieren.

HASENFILET MIT TRAUBEN

FÜR 4 PORTIONEN

300 g grüne Trauben
50 g Rosinen
4 cl Armagnac
½ El Fünf-Gewürz-Pulver
500 g Hasenfilet
2–3 El Sesamöl
100 g Speckwürfel
Salz
Pfeffer
100 g Linsensprossen

ZUBEREITUNGSZEIT:
ca. 30 Minuten
347 kcal/1459 kJ

1 Die Trauben waschen, halbieren und die Kerne entfernen. Die Trauben mit den Rosinen, dem Armagnac und dem Fünf-Gewürz-Pulver mischen und ca. 10–15 Minuten marinieren.

2 Das Hasenfilet in feine Streifen schneiden. Das Öl im Wok erhitzen und die Fleischstreifen zusammen mit den Speckwürfeln unter Rühren ca. 3–4 Minuten braten.

3 Die Traubenmischung dazugeben und alles ca. 3–4 Minuten schmoren lassen. Mit Salz und Pfeffer kräftig abschmecken. Die Linsensprossen waschen, gut abtropfen lassen und dazugeben. Ca. 1–2 Minuten unter Rühren erwärmen, anrichten und servieren.

GEFÜLLTE FLEISCHRÖLLCHEN

1 Den Schinken in feine Würfel schneiden und mit der Zwiebel-Knoblauch- und der Kräutermischung vermengen.

2 Die Pilze putzen und in kleine Würfel schneiden. Den Feta zerbröseln und mit dem Sesamöl, den Pilzen und den Schinkenwürfeln mischen. Die Mischung mit Salz und Pfeffer würzen.

3 Die Schnitzel der Länge nach halbieren. Auf einer Arbeitsfläche ausbreiten und dünn mit dem Meerrettich bestreichen.

4 Die Schinkenmischung daraufstreichen und die Schnitzel aufrollen. Mit kleinen Holzspießchen befestigen.

5 Das Öl im Wok erhitzen und die Röllchen darin rundherum scharf anbraten. Die Röllchen herausnehmen und den Wok säubern.

6 Den Asiafond in den Wok geben und erhitzen. Die Fleischröllchen in einen Bambuskorb legen. Den Korb in den Wok setzen, mit Deckel verschließen und die Fleischröllchen ca. 15–20 Minuten über dem Fond dämpfen. Die Fleischröllchen mit Hoisin-Sauce anrichten und servieren.

FÜR 4 PORTIONEN

100 g gekochter Schinken

100 g Zwiebel-Knoblauch-Mischung (TK)

100 g 8-Kräuter-Mischung (TK)

100 g Shiitake-Pilze

100 g Feta-Käse

2–3 El Sesamöl

Salz, Pfeffer

400 g sehr dünne Kalbs- oder Schweineschnitzel

2–3 El Sahnemeerrettich

4–5 El Erdnussöl

250–500 ml Asiafond (FP)

Hoisin-Sauce (FP)
zum Anrichten

ZUBEREITUNGSZEIT:
ca. 40 Minuten
508 kcal/2136 kJ

GEDÄMPFTE KOHLTÄSCHCHEN

FÜR 4 PORTIONEN

8-10 mittelgroße
Wirsingblätter

Salz

1 Bund Petersilie

1 El Kapern

1 Ei

1-2 El gerebelter Oregano

1 Tl Kümmelkörner

Zwiebel- und Knoblauch-
pulver

400 g Schweinemett

Cayennepfeffer

ZUBEREITUNGSZEIT:
ca. 30 Minuten
376 kcal/1581 kJ

1 Die Wirsingblätter putzen und in ausreichend kochendem Salzwasser 1-2 Minuten blanchieren. Herausnehmen, in kaltem Wasser abschrecken und trocknen.

2 Die Petersilie waschen, trocknen und fein hacken. Die Kapern ebenfalls fein hacken. Petersilie, Kapern, Ei, Oregano, Kümmelkörner, Zwiebel- und Knoblauchpulver und das Mett zu einem glatten Fleischteig verkneten. Mit Salz und Pfeffer würzen und auf die Wirsingblätter verteilen.

3 Die Seiten der Blätter einklappen und alles zusammenrollen. Die Täschchen mit kleinen Holzspießen feststecken. Salzwasser im Wok zum Kochen bringen und die Kohltäschchen in den Bambuskorb legen.

4 Den Korb in den Wok setzen und alles ca. bei geschlossenem Deckel 10-15 Minuten dämpfen. Die Kohltäschchen anschließend vorsichtig herausnehmen, anrichten und servieren.

GEDÄMPFTE MANGOLDKÖPFCHEN

FÜR 4 PORTIONEN

20 große Mangoldblätter
2 Stangen Zitronengras
1 Knoblauchzehe
1 Brötchen
100 g Galgantwurzel
500 g Schweinehack
3 Eier
1 El Hoisin-Sauce
1 Tl fein geriebener Ingwer
etwas Korianderöl

ZUBEREITUNGSZEIT:
ca. 50 Minuten
376 kcal/1576 kJ

1 Die Mangoldblätter waschen und kurz blanchieren. 1 Stange Zitronengras in Stücke schneiden, 1 Stück davon mit dem geschälten Knoblauch fein hacken, das Brötchen einweichen, die Galgantwurzel schälen und in Stücke schneiden.

2 Das Schweinehack mit den Eiern, dem ausgedrückten Brötchen, dem fein gehackten Zitronengras und dem fein gehackten Knoblauch sowie der Hoisin-Sauce und dem Ingwer mischen.

3 Die Füllung auf die blanchierten Mangoldblätter verteilen und zu Köpfchen formen. Die Bambuskörbchen mit Galgantwurzel- und Zitronengrasstücken auslegen, die Mangoldköpfchen daraufsetzen und mit Korianderöl beträufeln.

4 Wasser im Wok erhitzen, die Bambuskörbchen darüberplatzieren und etwa 30 Minuten bei geschlossenem Deckel dämpfen.

SCHWEINEFILET MIT LIMETTEN

1 Das Schweinefleisch in 2 cm große Stücke schneiden. In Fisch- und Austernsauce 10 Minuten marinieren. Limetten in Scheiben schneiden. Den Koriander waschen, trockenschütteln und die Blättchen abzupfen.

2 Vier Bambuskörbchen mit Limettenscheibchen auslegen, das marinierte Fleisch darauflegen und mit den Korianderblättern bestreuen. Die Körbchen mit dem Deckel verschließen.

3 Im Wok etwas Wasser erhitzen, die Körbchen darüberstellen. Nach 5 Minuten die oberen Körbchen mit den unteren tauschen, damit alles gleichmäßig dämpft.

4 Das gedünstete Fleisch noch für 6–8 Minuten abgedeckt stehenlassen und dann mit roten Pfefferkörnern bestreut servieren.

FÜR 4 PORTIONEN

600 g Schweinefilet
4 El Fischsauce
4 El Austernsauce
4 Limetten
1 Bund Koriander
4 Tl rote Pfefferkörner

ZUBEREITUNGSZEIT:

ca. 25 Minuten
(plus Marinierzeit)
205 kcal/858 kJ

LAMM-BIRYANI

FÜR 4 PORTIONEN

1 Tl Safranfäden
250 g Basmatireis
2 Knoblauchzehen
2 Zwiebeln
1 Stück frischer Ingwer
(ca. 2 cm)
600 g Lammfleisch
Salz, 2 Gewürznelken
½ Tl schwarze Pfefferkörner
2 grüne Kardamomkapseln
1 Tl Kreuzkümmelsamen
2 cm Zimtstange
2 El Ghee oder Butterschmalz
Muskatnuss, Chilipulver
180 g Natur-Joghurt
4 El Rosinen, 4 El Mandelblättchen

ZUBEREITUNGSZEIT:

ca. 40 Minuten
(plus Brat- und Garzeit)
580 kcal/2436 kJ

1 Safran in lauwarmem Wasser einweichen und beiseitestellen. Basmatireis waschen und 30 Minuten in kaltem Wasser einweichen.

2 Knoblauch und Zwiebeln schälen, Zwiebeln in Scheiben schneiden. Ingwer schälen und reiben. Lammfleisch in mundgerechte Stücke schneiden.

3 Salzwasser aufkochen, Reis darin kurz aufkochen lassen und bei kleinster Hitze 15 Minuten ziehen lassen. Knoblauch mit Ingwer, Gewürznelken, Pfeffer, Kardamom, Kreuzkümmel und Zimt im Mörser fein zerstoßen.

4 Zwiebeln im Fett goldbraun anbraten. Gewürzmischung, etwas frisch geriebene Muskatnuss und Chilipulver 1 Minute unter Rühren erhitzen. Lammfleisch zugeben und gleichmäßig rundum anbraten.

5 Den Joghurt mit den Rosinen und das Safranwasser unterrühren, aufkochen und etwa 40 Minuten kochen lassen. Die Mandelblättchen in einer Pfanne ohne Fett rösten.

5 Reis pyramidenförmig auf einem Teller anrichten, mit den gerösteten Mandeln bestreuen und mit dem Fleisch servieren.

LAMM MIT GRÜNEM PFEFFER

FÜR 4 PORTIONEN

500 g Lammfleisch
aus der Keule

je 2 gelbe, grüne und
rote Paprika

10 große Pfefferblätter

4 El Pflanzenöl

1 Tl Currypulver

1 Tl Fünf-Gewürz-Pulver

2 El grüner Pfeffer

ZUBEREITUNGSZEIT:
ca. 25 Minuten
435 kcal/1822 kJ

1 Das Lammfleisch in kleine Würfel schneiden. Die Paprika waschen, trocknen, entkernen und in Rauten schneiden. 2 Pfefferblätter in sehr feine Streifen schneiden.

2 Das Öl im Wok erhitzen, die Lammfleischwürfel darin kurz und scharf anbraten. Mit Curry und Fünf-Gewürz-Pulver bestäuben und herausnehmen.

3 Die Paprika im Wok von allen Seiten scharf anbraten, mit 200 ml Wasser ablöschen. Dann die Pfefferkörner zugeben und die Flüssigkeit fast verkochen lassen.

4 Die angebratenen Lammfleischwürfel wieder zugeben und die Pfefferblätterstreifen unterrühren. Die Teller mit je 2 Pfefferblättern auslegen und das Fleisch darauf anrichten.

TIPP!

Die Blätter des Mexikanischen Blattpfeffers gibt es frisch oder getrocknet in gut sortierten Fachgeschäften. Sie schmecken aromatisch und erinnern an Anis, Muskat und Pfeffer.

LAMMRÜCKEN MIT KREUZKÜMMEL

1 Das Lammfleisch in dünne Scheiben schneiden. Mit Curry, Kreuzkümmel und zerstoßenen Koriandersamen vermischen.

2 Die Schalotten schälen und in feine Streifen schneiden, den Knoblauch schälen und fein hacken. Den Spinat putzen, waschen und trockenschütteln.

3 Das Öl im Wok erhitzen, Schalotten und Knoblauch darin scharf anbraten, Chiliflakes zugeben. Danach das Fleisch und die Hoisin-Sauce zugeben und scharf anbraten.

4 Den Spinat ebenfalls hinzufügen und zusammenfallen lassen. Mit etwas Wasser ablöschen und vorsichtig verrühren.

FÜR 4 PORTIONEN

500 g Lammrücken
1 Tl Currypulver
1 Tl Kreuzkümmel
1 Tl Koriandersamen
3 Schalotten
2 Knoblauchzehen
400 g frischer Blattspinat
4 El Pflanzenöl
½ Tl Chiliflakes
1 Tl Hoisin-Sauce

ZUBEREITUNGSZEIT:

ca. 25 Minuten
594 kcal/2487 kJ

RINDFLEISCH MIT SPINAT UND MANGO

1 Das Fleisch in Streifen schneiden. Den Spinat gut unter fließendem Wasser abspülen, trockenschütteln und in grobe Stücke schneiden.

2 Die Mango schälen und das Fruchtfleisch in Rauten schneiden. Die Chilischoten waschen und in Stücke schneiden.

3 Das Öl im Wok erhitzen und den Spinat und die Chilistücke scharf darin anbraten, dann herausnehmen.

4 In demselben Öl das in Streifen geschnittene Fleisch scharf anbraten. Mit Soja- und Austernsauce ablöschen und gut verrühren.

5 Danach die Mangostücke zum Fleisch geben. Zum Schluss den Spinat und die Chilis wieder hinzufügen und mit dem Fleisch vermengen.

6 Mit Sweet-Sour-Sauce abschmecken und mit gezupften Thai-Basilikumblättern bestreut servieren.

FÜR 4 PORTIONEN

500 g Rindfleisch

200 g Blattspinat

1 reife Mango

2 milde grüne Chilischoten

3 El Pflanzenöl

2 El Sojasauce

2 El Austernsauce

3 El Sweet-Sour-Sauce

½ Bund Thai-Basilikum

ZUBEREITUNGSZEIT:

ca. 30 Minuten

460 kcal/1925 kJ

CHOP SUEY

FÜR 4 PORTIONEN

12 getrocknete Morcheln
500 g Schweinefleisch
Salz
2 El Sojasauce
2 Tl Maisstärke
1 Zwiebel
200 g Bambusstreifen
aus dem Glas
200 g Mungobohnen a. d. Glas
1 rote Paprikaschote
1 Stange Porree
Öl zum Braten
3 El Reiswein
schwarzer Pfeffer
1 Tl Zucker

ZUBEREITUNGSZEIT:
ca. 45 Minuten
(plus Einweichzeit)
373 kcal/1565 kJ

1 Die getrockneten Morcheln für mindestens 30 Minuten in heißem Wasser einweichen. Das Schweinefleisch in Stücke schneiden und mit 1 Prise Salz, 1 El Sojasauce und der Maisstärke vermischen.

2 Die Zwiebel schälen und grob würfeln. Die Bambusstreifen abtropfen lassen und in Streifen schneiden. Die Mungobohnen abtropfen lassen.

3 Die Paprika putzen, waschen, halbieren, Stielansatz und Kerne entfernen und klein hacken. Die Pilze gut ausspülen und abtropfen lassen. Den Porree putzen, waschen und in Scheiben schneiden.

4 Das Öl erhitzen, Zwiebeln darin andünsten und die Fleischstücke darin anbraten. Restliche Sojasauce und Reiswein hinzufügen und 4 Minuten schmoren. Herausnehmen und warm stellen.

5 Das Öl wieder erhitzen und Mungobohnen, Paprikastücke, Porreescheiben, Bambusstreifen und Morcheln unter Rühren 3–4 Minuten darin braten. Mit Pfeffer und Zucker abschmecken. Gemüse mit dem Fleisch anrichten und servieren.

GESCHNETZELTES MIT MANGOLD

FÜR 4 PORTIONEN

400 g Schweineschnitzel
Salz
Pfeffer
etwas Mehl
3–4 El Erdnussöl
1 El Chiliöl
500 g Mangold
3 Schalotten
125 ml Kalbsfond (FP)
100 g Parmaschinken
50 g Mandelstifte

ZUBEREITUNGSZEIT:

ca. 30 Minuten
369 kcal/1550 kJ

1 Die Schnitzel in Streifen schneiden. In Salz, Pfeffer und Mehl wenden. Die beiden Ölsorten im Wok erhitzen und die Fleischstreifen unter Rühren ca. 4–5 Minuten darin braten. Herausnehmen und warm stellen.

2 Den Mangold putzen, waschen, trocknen und fein hacken. Die Schalotten schälen und fein hacken. Die Schalottenwürfel zusammen mit dem Mangold in dem verbliebenen Bratfett 2–3 Minuten anbraten.

3 Mit dem Kalbsfond ablöschen und 4–5 Minuten bei milder Hitze schmoren lassen. Den Schinken in feine Streifen schneiden und zusammen mit dem Fleisch dazugeben.

4 Die Mandelstifte in einer Pfanne ohne Fett rösten. Das Geschnetzelte anrichten und mit den Mandelstiften bestreut servieren.

RINDERFILET MIT FRÜHLINGSZWIEBELN

1 Das Fleisch in Streifen schneiden. Die Maisstärke mit dem Eiweiß und dem Pflanzenöl mischen und das Fleisch darin etwa 20 Minuten einlegen.

2 Die Frühlingszwiebeln putzen, waschen, in 4 cm lange Stücke schneiden und mit dem Messer flach drücken. Salz mit Sherry und Sojasauce mischen.

3 Das Erdnussöl in einer großen Pfanne oder im Wok erhitzen. Die Fleischstreifen aus der Marinade nehmen und in ein hitzebeständiges

Sieb geben. Kurz ins heiße Fett tauchen und wieder herausnehmen. Diesen Vorgang wiederholen, vorher das Fett wieder erhitzen. Anschließend das Fleisch abtropfen lassen und das Öl bis auf 1 El aus Pfanne oder Wok gießen.

4 In diesem Fett die Frühlingszwiebeln ca. 1 Minute dünsten. Sojasaucenmischung und Fleisch zufügen und unter Rühren eine weitere Minute schmoren. Mit Sesamöl beträufeln und servieren.

FÜR 4 PORTIONEN

400 g Rinderfilet

3 Tl Maisstärke, 1 Eiweiß, 3 El Pflanzenöl

16 Frühlingszwiebeln

¼ Tl Salz

1 El dunkle Sojasauce

1 El helle Sojasauce

1 El Sherry

Erdnussöl zum Ausbacken

1 El Sesamöl

ZUBEREITUNGSZEIT:

30 Minuten
(plus Zeit zum Marinieren)
ca. 247 kcal/1038 kJ

SCHMORSCHULTER

FÜR 4 PORTIONEN

650 g Schweineschulter
3–4 El Sesamöl
3 El Sherryessig
6 El Sojasauce
4 El Honig
1 El Fünf-Gewürz-Pulver
125–250 ml Kalbsfond (FP)
100 g Suppengrün (TK)
100 g eingelegte
Perlzwiebeln
1 Tl Speisestärke
Mango-Chutney (FP)
zum Anrichten

ZUBEREITUNGSZEIT:

ca. 35 Minuten
(plus Schmorzeit)
674 kcal/2830 kJ

1 Das Fleisch in kleine Stücke schneiden. Das Öl im Wok erhitzen und die Fleischstücke 4–5 Minuten darin anbraten.

2 Den Essig mit der Sojasauce, dem Honig, dem Gewürzpulver und dem Kalbsfond mischen. Alles zusammen mit dem Suppengrün und den Perlzwiebeln zum Fleisch geben und unter Rühren ca. 15–20 Minuten schmoren lassen.

3 Eventuell noch etwas Sojasauce angießen. Das Fleisch herausnehmen und warm stellen.

4 Die Speisestärke mit etwas kaltem Wasser anrühren und den Fond damit andicken.

5 Das Gemüse zusammen mit dem Fleisch und dem Mango-Chutney anrichten und servieren.

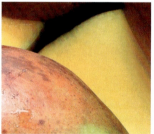
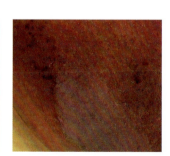

ASIA-GULASCH

1 Das Fleisch in gleichmäßig kleine Würfel schneiden. Zwiebeln und Knoblauchzehen schälen und fein würfeln.

2 Die Zwiebel- und Knoblauchwürfel zusammen mit dem Suppengrün in dem Erdnussöl 2–3 Minuten anbraten. Das Fleisch dazugeben und unter Rühren ca. 3–4 Minuten mitbraten.

3 Die Linsen auf ein Sieb geben und gut abtropfen lassen. Zusammen mit dem Asiafond in den Wok zum Fleisch geben und bei milder Hitze ca. 4–5 Minuten schmoren lassen.

4 Das Gulasch mit der Sojasauce, dem Essig und den Gewürzen pikant abschmecken.

5 Das Koriandergrün waschen, trocknen und fein hacken. Das Gulasch anrichten und mit Koriandergrün bestreut servieren.

FÜR 4 PORTIONEN

600 g Schweinefleisch
2–3 rote Zwiebeln
2 Knoblauchzehen
100 g Suppengrün (TK)
4–5 El Erdnussöl
300–400 g Linsen
aus der Dose
125 ml Asiafond (FP)
1–2 EL Sojasauce
1–2 El Apfelessig
Salz
Pfeffer
Nelkenpulver
1 Prise Zucker
½ Bund Koriandergrün

ZUBEREITUNGSZEIT:
ca. 20 Minuten
589 kcal/2474 kJ

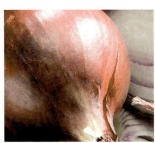

MONGOLISCHES LAMMFILET

FÜR 4 PORTIONEN

1 kg Lammfleisch
3 Knoblauchzehen
1 Stück frischer Ingwer
(ca. 2 cm)
4 große Zwiebeln
1 El Hoisin-Sauce
1 El Sesamöl
2 El Sesamsamen
2 El Erdnussöl
½ Bund Frühlingszwiebeln
3 Tl Stärke
3 El Sojasauce
75 cl Reiswein

ZUBEREITUNGSZEIT:
ca. 40 Minuten
(plus Marinierzeit)
438 kcal/1838 kJ

1 Lammfleisch quer zur Faser in Scheiben schneiden. Knoblauch, Ingwer und Zwiebeln schälen.

2 Die Zwiebeln vierteln, Knoblauch und Ingwer fein hacken. Mit Hoisin-Sauce und Sesamöl vermischen. Fleisch darin wenden und zugedeckt 60 Minuten im Kühlschrank ziehen lassen.

3 Sesamsamen in einer Pfanne ohne Fett bei mittlerer Hitze unter ständigem Rühren 3 Minuten goldbraun rösten. Anschließend herausnehmen, damit sie nicht verbrennen.

4 Erdnussöl in einem Wok erhitzen und die geviertelten Zwiebeln darin bei mittlerer Hitze unter Rühren in 10 Minuten goldbraun braten. Herausnehmen und warm halten.

5 Den Wok wieder erhitzen und das Fleisch portionsweise bei starker Hitze anbraten. Anschließend das gesamte Fleisch wieder in den Wok zurückgeben.

6 Die Frühlingszwiebeln in Ringe schneiden. Stärke mit Sojasauce und Reiswein glatt verrühren und zugießen. Fleisch bei starker Hitze unter Rühren weiterbraten, bis es gar ist und die Sauce dicklich wird.

7 Fleisch auf den Zwiebeln anrichten, mit geröstetem Sesam und Frühlingszwiebeln bestreut servieren.

REH SCHARF-SAUER

1 Das Gulasch eventuell in kleinere Würfel schneiden. Den Essig mit dem Rotwein, dem Senf, dem Öl und den Gewürzen verrühren, über das Fleisch geben und das Fleisch ca. 10–15 Minuten marinieren lassen.

2 Den Wok erhitzen und das Fleisch mit der Marinade ca. 10–15 Minuten unter Rühren darin braten.

3 Die Rote Bete in ein Sieb geben und gut abtropfen lassen. Die Zwiebeln schälen und in Ringe schneiden.

4 Beides 5 Minuten vor Ende der Garzeit zum Gulasch geben. Das Gulasch mit Wildreis anrichten und servieren.

FÜR 4 PORTIONEN

600 g Rehgulasch

3–4 El Himbeeressig

4–5 El Rotwein

1 Tl scharfer chinesischer Senf

5–6 El Sesamöl

Salz

Pfeffer

Nelken-, Anis- und Kardamompulver

300 g Rote-Bete-Streifen aus dem Glas

200 g rote Zwiebeln

ZUBEREITUNGSZEIT:

ca. 40 Minuten
(plus Marinierzeit)
350 kcal/1473 kJ

ROTIS MIT PIKANTER FÜLLUNG

FÜR 4 PORTIONEN

375 g Roti- oder
Weizenmehl

Salz

3 El Ghee

2 Eier

Öl

2 gehackte Schalotten

3 Knoblauchzehen

2 Tl gemahlener
Kreuzkümmel

1 Tl gemahlener Kurkuma

500 g mageres Rinder- oder
Lammhackfleisch

3 rote, fein gehackte Chilis

Öl oder Ghee zum Braten

ZUBEREITUNGSZEIT:

ca. 50 Minuten
(plus Ruhezeit)
603 kcal/2530 kJ

1 Mehl und 1 Tl Salz vermischen. 2 El Ghee dazureiben. 1 Ei mit 250 ml Wasser verschlagen, zugeben und alles zu einer feuchten Masse mischen.

2 Die Masse auf eine bemehlte Arbeitsfläche stürzen, 10 Minuten zu einem Teig kneten. Mit Öl bestreichen, in Frischhaltefolie mindestens 2 Stunden ruhen lassen.

3 Restliches Ghee erhitzen. Schalotten 5 Minuten darin andünsten.

4 Knoblauch schälen und dazupressen, Kreuzkümmel und Kurkuma 1 Minute mitdünsten.

5 Hackfleisch unter Rühren mitbraten. Chilis unterheben und mit Salz abschmecken.

6 Teig in 12 Portionen teilen und zu Bällchen rollen. Teigbällchen mit leicht eingeölten Fingerspitzen von den Rändern aus zu etwa 15 cm großen Kreisen auseinanderziehen, mit Frischhaltefolie abdecken.

7 1 Ei verquirlen. Den Wok mit Öl einfetten und einen Teigfladen vorsichtig hineinlegen. Mit Ei bestreichen, 2 gehäufte El der Füllung daraufgeben und braten, bis die Unterseite des Roti goldfarben ist.

8 Das Roti zusammenklappen, an den Rändern etwas festdrücken und warm halten.

9 Restliche Rotis auf die gleiche Weise braten. Die bereits gebackenen Rotis im Backofen warm halten.

SCHWEINEFLEISCH SÜSS-SAUER

1 Das Fleisch in dünne Scheiben schneiden. Die Stärke mit Sojasauce, Essig, Reiswein, Meerrettich und Kecap manis in einer Schüssel mischen. Cayennepfeffer unterrühren und das Fleisch in der Marinade einlegen. 15 Minuten ziehen lassen.

2 Die Ananas würfeln, den Poree putzen, waschen und in Ringe schneiden, die Paprikaschote putzen, waschen, entkernen und würfeln. Chilischote entkernen und fein hacken.

3 2 El Öl in einer großen Pfanne erhitzen. Nach und nach Porree, Paprikaschote und Chili darin bei mittlerer Temperatur etwa 5 Minuten braten. Das restliche Öl in einer zweiten Pfanne erhitzen. Fleisch aus der Marinade nehmen und abtupfen. Im heißen Öl gut braten.

4 Fleisch mit Ananas und Marinade unter das Gemüse rühren und alles etwa 3 Minuten köcheln lassen. Mit Salz und Pfeffer abschmecken. Mit Reis servieren.

FÜR 4 PORTIONEN

600 g Schweinefilet

1 Tl Maisstärke

2 El Sojasauce

1 El Sherryessig, 6 El Reiswein

1 Tl frisch geriebener Meerrettich

1 El Kecap manis

¼ Tl Cayennepfeffer

½ geschälte Ananas

1 Stange Porree

1 grüne Paprikaschote

1 rote Chilischote

3 El Erdnussöl, Salz, Pfeffer

ZUBEREITUNGSZEIT:
35 Minuten
(plus Marinierzeit)
ca. 207 kcal/869 kJ

FISCH

Die Länder Asiens sind vom Meer umgeben, deshalb spielen Fischgerichte in der asiatischen Küche traditionell eine große Rolle. Frittiert, geschmort oder gedünstet, als Fischbällchen, Filet oder Curry: Für Liebhaber leichter Fischgerichte hält die Wok-Küche eine große Rezept-Vielfalt bereit.

FISCH IN BANANENBLÄTTERN

1 Den Fisch in 5 x 2 cm große Stücke schneiden. Chilischoten in warmem Wasser einweichen. Koriander mit Kokosraspeln, Frühlingszwiebeln, Knoblauch, Ingwer und Zitronengras, Chilis (abgegossen und abgetropft), Cashewkernen und Erdnussöl pürieren. Das Püree in einem Wok 3 Minuten dünsten. Die Kokosmilch zugeben und einkochen lassen, mit Salz und Pfeffer würzen.

2 Die Bananenblätter in kochendem Wasser 1 Minute dämpfen. Blätter trockentupfen und auf einer Seite mit Öl einstreichen. Backofengrill auf 180 °C vorheizen.

3 Einen Löffel Paste in ein Bananenblatt geben, ein Stück Fisch darauflegen und oben mit Paste bestreichen. Bananenblatt zusammenbinden. Die Fischpäckchen unter dem Grill etwa 8 Minuten von jeder Seite grillen und heiß servieren. Die Päckchen erst am Tisch öffnen.

FÜR 15 STÜCK

250 g Fischfilet z. B. Rotbarsch

2 getrocknete rote Chilischoten

½ El geröstete Koriandersamen

50 g Kokosraspel

2 Frühlingszwiebeln

1 Knoblauchzehe

1 Tl frisch geriebener Ingwer

½ Stängel Zitronengras

10 Cashewkerne

1 El Erdnussöl

90 ml dünne Kokosmilch

Salz, Pfeffer

15 Bananenblätter

Pflanzenöl

ZUBEREITUNGSZEIT:

30 Minuten (plus Röst-, Dünst-, Dämpf- und Grillzeit) Pro Stück ca. 220 kcal/925 kJ

GEDÄMPFTER KARPFEN

FÜR 4 PORTIONEN

1–1 ½ kg Karpfenfilets

2–3 El Reiswein oder trockener Sherry

2–3 El grobes Meersalz

2–3 El grober Pfeffer

4 Schalotten

1 Stück frischer Ingwer (3 cm)

2 rote Paprikaschoten

100 g Bambussprossen aus der Dose

5–6 El Sojasauce

500 ml Fischfond (FP)

2–3 El chinesischer Senf

1 El Speisestärke

2–3 El Schmand

ZUBEREITUNGSZEIT:
ca. 40 Minuten
409 kcal/1720 kJ

1 Die Fischstücke waschen, trocknen und mit dem Reiswein beträufeln. Mit Salz und Pfeffer einreiben und in ein Dampfkörbchen legen.

2 Die Schalotten schälen und in Viertel schneiden. Den Ingwer schälen und in Scheiben schneiden. Die Paprikaschoten halbieren, entkernen, waschen und in Rauten schneiden.

3 Die Bambussprossen in ein Sieb geben und gut abtropfen lassen. Das Gemüse mischen und mit der Sojasauce beträufeln.

4 Die Gemüsemischung über die Karpfenstücke verteilen. Den Fischfond im Wok zum Kochen bringen. Den Dampfkorb hineinsetzen und alles bei milder Hitze ca. 15–20 Minuten dämpfen.

5 Den Korb herausnehmen und den Senf in ca. 350 ml Fischfond einrühren. Die Speisestärke mit etwas kaltem Wasser anrühren und den Fischfond damit andicken. Die Sauce abschmecken und mit dem Schmand verfeinern.

6 Die Karpfenstücke zusammen mit dem Gemüse und der Sauce anrichten und servieren.

WOLFSBARSCH-RÖLLCHEN

1 Zucchini und Porree putzen, waschen und fein würfeln. Die Tomaten enthäuten, entkernen und würfeln. Die Möhren schälen und würfeln. Die Pilze putzen und klein schneiden.

2 Den Schinken in feine Streifen schneiden. Das Gemüse mit dem Fünf-Gewürz-Pulver würzen. Das Öl im Wok erhitzen und das Gemüse mit dem Schinken unter Rühren 4–5 Minuten darin braten.

3 Die Fischfilets waschen, trocknen und schräg in dünne Scheiben schneiden. Die Scheiben dünn mit Wasabi bestreichen und mit der Gemüse-Schinken-Mischung belegen. Aufrollen und mit kleinen Holzspießchen feststecken.

4 Fischfond und Sojasauce im Wok erhitzen. Fischröllchen in einen Bambuskorb geben. Diesen in den Wok geben und den Fisch bei milder Hitze ca. 4–5 Minuten garen. Die Fischröllchen mit Basmatireis servieren.

FÜR 4 PORTIONEN

1 Zucchini
2 dünne Porreestangen
3 Tomaten
3 Möhren
200 g Riesenchampignons
100 g gekochter Schinken
1 El Fünf-Gewürz-Pulver
3–4 El Sesamöl
4 Wolfsbarschfilets (à 200 g)
1–2 El Wasabi
500–750 ml Fischfond (FP)
2–3 El Sojasauce

ZUBEREITUNGSZEIT:
ca. 35 Minuten
328 kcal/1379 kJ

GESCHMORTER AAL MIT FENCHEL

FÜR 4 PORTIONEN

800 g Aal
4–5 El Sherryessig
1 El grobes Meersalz
50 g eingelegter Ingwer
200 g Pastinaken
300 g Fenchel
6–7 El Sesamöl
1 El Fenchelsamen
Salz
Cayennepfeffer
125–250 ml Fischfond (FP)
½ Bund Petersilie
Zitronenschalenstreifen zum Garnieren

ZUBEREITUNGSZEIT:

ca. 35 Minuten
(plus Marinierzeit)
293 kcal/1232 kJ

1 Den Aal waschen und in ca. 3–4 cm breite Stücke schneiden. Mit dem Essig beträufeln und mit dem Meersalz bestreuen. Ca. 5–8 Minuten durchziehen lassen.

2 Den Ingwer auf ein Sieb geben und gut abtropfen lassen. Die Pastinaken und den Fenchel putzen, waschen und in Stücke schneiden.

3 Das Öl im Wok erhitzen und die Aalstücke darin unter Rühren 4–5 Minuten anbraten.

4 Den Ingwer, die Pastinaken- und Fenchelwürfel zusammen mit dem Fenchelsamen zum Aal geben und weitere 3–4 Minuten braten. Mit Salz und Cayennepfeffer würzen und den Fond angießen. Bei milder Hitze ca. 6–8 Minuten schmoren lassen.

5 Die Petersilie waschen, trocknen und die Blättchen von den Stielen zupfen. Den geschmorten Aal mit Petersilie und Zitronenschale bestreut anrichten und servieren.

TIPP!

Aal ist nicht jedermanns Sache. Falls dass auch auf Sie zutrifft, sollten Sie stattdessen Lachsfilet nehmen. Allerdings entfällt in diesem Fall das seperate Anbraten.

SÜSS-SAURER ZWIEBELFISCH

1 Die Schalotten schälen und in Würfel schneiden. Das Erdnussöl im Wok erhitzen und die Schalottenwürfel 5–6 Minuten darin braten.

2 Den Essig, den Fischfond, das Lorbeerblatt, die Gewürze, die Chilischoten, Thymian, Salz und Zucker dazugeben und 6–8 Minuten bei milder Hitze garen.

3 Das Fischfilet waschen, trocknen und in kleine Würfel schneiden. Anschließend in der Speisestärke wenden.

4 Die Fischwürfel in den Zwiebelsud geben. Bei milder Hitze unter Rühren ca. 5–6 Minuten garen.

5 Den Zwiebelfisch mit der Sauce anrichten und servieren. Dazu passt Reis.

FÜR 4 PORTIONEN

500 g Schalotten

5–6 El Erdnussöl

6 El Sherryessig

250 ml Fischfond (FP)

1 zerbröseltes Lorbeerblatt

Nelken-, Senf- und Ingwerpulver

grober schwarzer Pfeffer

1–2 getrocknete zerdrückte Chilischoten

1 Tl gerebelter Thymian

Salz

Zucker

500 g Weißfischfilet

2 Tl Speisestärke

ZUBEREITUNGSZEIT:
ca. 25 Minuten
342 kcal/1438 kJ

193

FISCHCURRY MIT BAMBUSSPROSSEN

1 Frühlingszwiebeln putzen, waschen und klein schneiden. Bambussprossen putzen, waschen und in 5 cm große Stückchen schneiden. Anschließend in etwas Öl dünsten, bis sie fast zart sind.

2 Kaffir-Limettenblätter und Thai-Basilikumblätter waschen, in feine Streifen schneiden und beiseitestellen. Chilis putzen, waschen und halbieren, Stielansatz und Kerne entfernen, Schoten klein schneiden.

3 Garnelen schälen und entdarmen. Fisch in Würfel schneiden. Fischwürfel, Garnelen und Frühlingszwiebeln im Wok in Erdnussöl anbraten. Herausnehmen und warm stellen.

4 Kokoscreme im Wok zum Kochen bringen, unter ständigem Rühren köcheln lassen, bis die Oberfläche ölig schimmert. Currypaste, Kokosmilch und Bambussprossen untermischen, anschließend Fischsauce, Zucker, Kaffir-Limettenblätter und Chilis dazugeben.

5 Alles aufkochen, Fisch und Garnelen unterheben und darin erhitzen. Das Fischcurry abschmecken, mit Thai-Basilikum garnieren und servieren.

FÜR 4 PORTIONEN

1 Bund Frühlingszwiebeln

200 g frische Bambussprossen

Erdnussöl zum Anbraten

4 Kaffir-Limettenblätter

1 Bund Thai-Basilikumblätter

2 frische rote Chilis

8 Riesengarnelen

600 g Seeteufelfilet (Lotte)

ca. 225 ml Kokoscreme

1 ½ Tl rote Currypaste

500 ml Kokosmilch

2 El Fischsauce

2 Tl Zucker

ZUBEREITUNGSZEIT:

ca. 10 Minuten
(plus Bratzeit)
158 kcal/664 kJ

GEBACKENE FISCHSCHNITTEN

FÜR 4 PORTIONEN

500 g Fischfilet (TK)

100 g Zwiebel-Knoblauch-Mischung (TK)

1 Packung Kräuter der Provence (TK)

100 g Bacon bits

Salz

Pfeffer

Ingwer- und Senfpulver

2–3 Eier

1 mittelgroßes Baguette

50–100 g Sesamsaat

Erdnussöl zum Frittieren

1 Zitrone

Pflaumensauce (FP)

ZUBEREITUNGSZEIT:
ca. 35 Minuten
514 kcal/2160 kJ

1 Das Fischfilet auftauen lassen und zusammen mit der Zwiebel-Knoblauch-Mischung und den Kräutern der Provence durch die feine Seite des Fleischwolfs drehen. Den Bacon unterkneten.

2 Die Fischfarce mit Salz, Pfeffer, Ingwer- und Senfpulver abschmecken. Die Eier verquirlen. Das Brot in dünne Scheiben schneiden und die Kruste an allen Seiten etwas einschneiden.

3 Die Brotscheiben mit etwas Ei bestreichen. Die Fischmasse darauf verteilen und mit der Sesamsaat bestreuen. Das Ganze fest andrücken und wieder mit Ei bestreichen.

4 Das Öl im Wok erhitzen. Die Brotscheiben mit der belegten Seite auf den Sieblöffel legen und in das Fett tauchen. Bei milder Hitze ca. 3–4 Minuten knusprig ausbraten.

5 Die Fischschnitten auf Küchenpapier abtropfen lassen. Die Zitrone in Achtel schneiden. Die Fischschnitten mit den Zitronenachteln garniert servieren. Die Pflaumensauce getrennt dazu reichen.

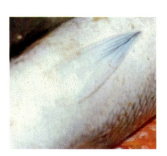

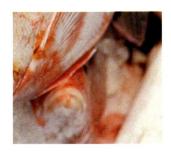

FISCHCHIPS MIT SESAMKRUSTE

1 Das Fischfilet waschen, trocknen und im Gefrierschrank etwas anfrieren lassen. Herausnehmen und in dünne Scheiben schneiden.

2 Salz, Pfeffer, Öl und Reiswein mischen. Die Frühlingszwiebeln putzen, waschen und in feine Röllchen schneiden. Den Ingwer schälen und fein hacken.

3 Frühlingszwiebeln und Ingwer zur Marinade geben und diese über die Fischscheiben geben. Das Ganze ca. 10–15 Minuten marinieren lassen.

4 Mehl auf einen flachen Teller geben. Die Eier verquirlen und die Sesamkörner bereitstellen.

5 Ausreichend Erdnussöl in einem Wok erhitzen. Die Fischscheiben aus der Marinade nehmen und nacheinander in Mehl, Eiern und Sesamkörnern wenden.

6 Die Fischchips portionsweise im heißen Fett ca. 2–3 Minuten ausbacken. Herausnehmen und auf Küchenpapier abtropfen lassen.

7 Die Zitronen in Scheiben schneiden. Die Petersilie waschen, trocknen und die Blättchen abzupfen.

8 Die Fischchips anrichten und mit Zitronenscheiben und Petersilie garniert servieren.

9 Zum Dippen Sojasauce, Hoisin-Sauce, Wasabi und Sambal Oelek reichen.

FÜR 4 PORTIONEN

500 g Seefischfilet
1 Tl Salz
1 Tl grober Pfeffer
2 El Sesamöl
2–3 El Reiswein
½ Bund Frühlingszwiebeln
1 Stück frischer Ingwer (2–3 cm)
3 El Mehl, 2–3 Eier
100 g weiße Sesamsaat
Erdnussöl zum Ausbacken
2 Zitronen
½ Bund Petersilie
Sojasauce
Hoisin-Sauce
Wasabi
Sambal Oelek

ZUBEREITUNGSZEIT:

ca. 35 Minuten
(plus Marinierzeit)
398 kcal/1674 kJ

SEEZUNGE MIT KAFFIR-LIMETTEN

FÜR 4 PORTIONEN

600 g Seezungenfilet

400 g Karotten

2 unbehandelte
Kaffir-Limetten

1 El Austernsauce

2 El Fischsauce

4 El Pflanzenöl

3 El Sojasauce

1 Bund Thai-Basilikum

ZUBEREITUNGSZEIT:

ca. 15 Minuten
(plus Marinierzeit)
285 kcal/1195 kJ

1 Die Seezunge waschen, gut trockentupfen und in 3 cm lange Streifen schneiden.

2 Die Karotten waschen, putzen, schälen und der Länge nach halbieren, dann schräg in feine Scheiben schneiden. Die Kaffir-Limetten in dünne Scheiben schneiden.

3 Die Seezungenstücke mit Austern- und Fischsauce 30 Minuten marinieren.

4 Das Öl im Wok erhitzen, die Karottenscheiben langsam darin garen. Die Kaffir-Limettenscheiben und die Fischstücke dazugeben, vermischen und etwa 2 Minuten braten.

5 Alles mit Sojasauce ablöschen und das gezupfte Thai-Basilikum untermischen.

TIPP!

Seezunge ist ein besonders delikater Fisch – leider auch nicht ganz preiswert. Eine günstige Alternative ist frischer Kabeljau oder Seebarsch.

DORADE SÜSS-SAUER

1 Die Fischfilets waschen, trockentupfen und von Gräten befreien. Dann in 3 cm lange Stücke schneiden.

2 Die Karotten waschen, schälen und mit dem Sparschäler in Streifen schneiden. Die Lauchstangen in etwa 15 cm lange Streifen schneiden, waschen und trockenschütteln.

3 Die Fischstücke in 2 El heißem Öl im Wok nur auf der Hautseite kurz anbraten, herausnehmen.

4 Im restlichen Öl das Gemüse scharf anbraten, zusammenfallen lassen, mit Ketchup und Sweet-Sour-Sauce würzen, mit Fischsauce ablöschen.

5 Die Fischstücke wieder zum Gemüse in den Wok geben und vorsichtig durchmischen. Zum Schluss den fein gehackten Koriander untermischen.

FÜR 4 PORTIONEN

4 Doradenfilets mit Haut (à 120 g)

6 mittelgroße Karotten

4 Lauchstangen

4 El Pflanzenöl

2 El Tomatenketchup

4 El Sweet-Sour-Sauce

2 El Fischsauce

2 Zweige Koriander

ZUBEREITUNGSZEIT:
ca. 25 Minuten
347 kcal/1455 kJ

DRACHENKOPF MIT INGWER

1 Die Fischfilets waschen, trockentupfen und in 2 cm breite Streifen schneiden. Chilischoten in Ringe schneiden. Fisch und Chilischoten in der Fischsauce etwa 1 Stunde marinieren.

2 Das Zitronengras in 5 cm lange Stücke schneiden. Den Lauch in Ringe schneiden.

3 Brokkoli waschen, in kleine Röschen teilen, den Strunk schälen und in Stücke schneiden.

4 Im Wok die Hälfte des Erdnussöls erhitzen und die Brokkoliröschen und -stücke mit dem Zitronengras sanft darin braten. Lauchringe zugeben und mit Austernsauce ablöschen. Zum Schluss geriebenen Ingwer untermischen. Herausnehmen und warm stellen.

5 Restliches Erdnussöl im Wok erhitzen und die Fischstücke hineingeben. Etwa 5 Minuten bei mittlerer Hitze von allen Seiten vorsichtig braten.

6 Brokkoli mit Lauch anrichten und mit gebratenen Fischfiletstücken servieren.

FÜR 4 PORTIONEN

4 Drachenkopffilets mit Haut
2 El Fischsauce
2 grüne Chilischoten
4 Stangen Zitronengras
1 Lauchstange
500 g Brokkoli
4 El Erdnussöl
4 El Austernsauce
1 El geriebener Ingwer

ZUBEREITUNGSZEIT:

ca. 20 Minuten
(plus Marinierzeit)
388 kcal/1634 kJ

GEDÄMPFTER BARSCH

FÜR 4 PORTIONEN

250 g Lotoswurzeln
250 g Salatgurke
250 g Möhren
100 ml Apfelessig
250 ml Gemüsefond (FP)
2–3 Tl Zucker
½ Tl Salz
8 Bambusblätter
500 g Seebarschfilet
2–3 El Sesamöl
2–3 El Ingwersaft
2–3 El Reiswein
250 g Muscheln
aus dem Glas

ZUBEREITUNGSZEIT:
ca. 40 Minuten
406 kcal/1706 kJ

1 Die Lotoswurzeln schälen und zwischen den Hohlräumen einschneiden. Anschließend in dünne Ringe schneiden. Gurke und Möhren schälen und in feine Scheiben schneiden.

2 Den Apfelessig mit dem Gemüsefond und den Gewürzen mischen. Die Mischung im Wok zum Kochen bringen.

3 Das vorbereitete Gemüse in den Wok geben und bei milder Hitze ca. 5–6 Minuten garen. Anschließend herausnehmen und gut abtropfen lassen.

4 Die Bambusblätter mit warmem Wasser abspülen und trocknen lassen.

5 Die Bambusblätter in ein Dampfkörbchen geben und so weit überstehen lassen, dass sie über dem Gargut später geschlossen werden können.

6 Das Barschfilet waschen und trocknen. Das Öl mit Ingwersaft und Reiswein verrühren und die Fischfilets darin 4–5 Minuten marinieren. Die Muscheln in ein Sieb geben und gut abtropfen lassen.

7 Die Gemüsemischung auf den Bambusblättern verteilen. Die Fischfilets mit der Marinade darauflegen und die Muscheln darübergeben. Die Bambusblätter über dem Gargut zusammenklappen und die Päckchen in das Dampfkörbchen legen.

8 Den Gemüsefond wieder zum Kochen bringen und das Dampfkörbchen in den Wok setzen. Bei milder Hitze zugedeckt ca. 10 Minuten dämpfen.

RAFFINIERTE FISCHBÄLLCHEN

1 Die Frühlingszwiebeln putzen, waschen, trocknen und in Stücke schneiden. Die Knoblauchzehen schälen. Die Chilischoten halbieren, entkernen und die Schoten unter fließendem kalten Wasser waschen.

2 Das Fischfilet waschen, trocknen und in Stücke schneiden.

3 Den Fisch zusammen mit den Frühlingszwiebeln, den Knoblauchzehen und den Chilischoten durch die feine Scheibe des Fleischwolfes drehen. Die Fischmasse mit den Gewürzen abschmecken und zu kleinen Bällchen formen.

4 Das Öl im Wok erhitzen und die Fischbällchen darin portionsweise ca. 5–6 Minuten braten. Herausnehmen und warm stellen.

5 Die Kokosmilch zusammen mit der Kokoscreme und der Chilisauce in das verbliebene Bratfett rühren. Die Fischbällchen hineingeben und bei milder Hitze ca. 10 Minuten garen. Die Fischbällchen mit der Sauce anrichten.

FÜR 4 PORTIONEN

1 Bund Frühlingszwiebeln

3–4 Knoblauchzehen

3–4 Chilischoten

800 g Seefischfilet

Salz

Pfeffer

1 El getrocknetes gerebeltes Zitronengras

1 El Ingwerpulver

1 Tl Kurkuma

4–5 El Erdnussöl

350 ml Kokosmilch, ungesüßt

1 El Kokosnusscreme

1 El Chilisauce (FP)

ZUBEREITUNGSZEIT:
ca. 30 Minuten
855 kcal/3592 kJ

HEILBUTT MIT SPROSSEN

FÜR 4 PORTIONEN

800 g Heilbutt
Zitronensaft zum Beträufeln
Salz
Pfeffer
5–6 El Sesamöl
200 g Kidney-Bohnen
aus der Dose
500 g Sprossen-Mix (FP)
2–3 El Sojasauce
2–3 Noriblätter
Zitronenachtel zum
Garnieren

ZUBEREITUNGSZEIT:
ca. 25 Minuten
482 kcal/2024 kJ

1 Den Heilbutt putzen, waschen, trocknen und in Streifen schneiden. Die Fischstreifen mit Zitronensaft beträufeln und mit Salz und Pfeffer würzen.

2 Das Öl im Wok erhitzen und die Fischstreifen darin portionsweise ca. 4 Minuten braten.

3 Die Kidney-Bohnen in ein Sieb geben und gut abtropfen lassen. Die Sprossen mit kaltem Wasser abspülen und ebenfalls gut abtropfen lassen.

4 Die Bohnen mit den Sprossen zu den Fischstreifen geben und unter Rühren ca. 3–4 Minuten braten. Das Ganze mit der Sojasauce würzen.

5 Die Noriblätter in einer Pfanne ohne Fett von einer Seite rösten und anschließend zerbröseln.

6 Den Heilbutt anrichten, mit den zerbröselten Noriblättern bestreuen, mit Zitrone garnieren und servieren.

MEERESFRÜCHTE

Die asiatischen Rezepte mit Meeresfrüchten gehören zu den besten der
Welt. Sie sind einfach nachzukochen
und bieten exotischen Genuss ohne
großen Aufwand. Entdecken Sie die
kulinarische Vielfalt von Muscheln,
Garnelen, Krebsen und Tintenfischen,
deren Genuss durch würzige Marinaden
und knusprige Panaden noch gesteigert
werden kann.

GARNELEN IN WÜRZIGER SAUCE

1 Die Garnelen waschen und schälen, dabei das Schwanzende nicht entfernen. Den Darm entfernen, Garnelen trockentupfen und mit Salz einreiben. 10 Minuten ziehen lassen.

2 Knoblauch und Ingwer schälen und sehr fein hacken. Ingwer mit Sojasauce, Reiswein, Zucker und Pfeffer mischen. Maisstärke in etwas Wasser glatt rühren. Die Frühlingszwiebeln putzen, waschen und diagonal in feine Stücke schneiden.

3 Wok mit Öl einreiben, restliches Öl hineingeben und heiß werden lassen. Knoblauchzehen mit etwas Salz darin schmoren. Die Garnelen zugeben und braten, bis sie sich rosa verfärben. Gelegentlich wenden.

4 Ingwer-Soja-Sauce, Kecap und Fischfond zufügen und alles 3 Minuten köcheln. Stärke zugeben und unter Rühren aufkochen, bis die Flüssigkeit etwas andickt. Die Garnelen mit Frühlingszwiebeln garniert servieren.

FÜR 4 PORTIONEN

800 g große ungeschälte Garnelenschwänze

Salz

2 Knoblauchzehen

1 Stück frischer Ingwer (1 cm)

3 El Sojasauce

1 El Reiswein

2 Tl Zucker

Pfeffer

4 Frühlingszwiebeln

4 El Maiskeimöl

2 El Kecap manis

50 ml Fischfond

1 Tl Maisstärke

ZUBEREITUNGSZEIT:
ca. 45 Minuten
(plus Schmorzeit)
ca. 278 kcal/1166 kJ

KREBS-CURRY

FÜR 4 PORTIONEN

4 Taschenkrebse (à 250 g)
3 Schalotten
4 Knoblauchzehen
2 rote Peperoni
6 El Sonnenblumenöl
1 ½ El Currypulver
½ Bund Frühlingszwiebeln
2 El Fischsauce (FP)
1 El Sojasauce
2 El Reisweinessig
1 El Limettensaft
1 Kaffir-Limette
2 El Palmzucker
Koriander zum Garnieren

ZUBEREITUNGSZEIT:
ca. 30 Minuten
451 kcal/1895 kJ

1 Die Krebse unter fließendem Wasser waschen und die Scheren vom Körper trennen. Die Köpfe abdrehen.

2 Die Schalotten schälen und in Würfel schneiden. Die Knoblauchzehen schälen und in feine Scheiben schneiden. Die Peperoni waschen, längs halbieren, entkernen und in Streifen schneiden.

3 Das Sonnenblumenöl in einem Wok erhitzen und die Schalotten mit dem Knoblauch und den Peperoni darin anbraten. Die Krebsstücke dazugeben und das Currypulver einstreuen.

4 Die Frühlingszwiebeln putzen, waschen, klein schneiden und ebenfalls dazugeben. Nach ca. 2 Minuten mit Fisch- und Sojasauce, Reisweinessig und Limettensaft angießen.

5 Die Kaffir-Limette schälen, die Schale fein hacken und mit dem Palmzucker unterrühren. Nach ca. 6 Minuten alles in Schälchen anrichten und mit Koriander garniert servieren.

INFO!

Der Taschenkrebs lebt in Nordsee, Atlantik und Mittelmeer, sein Scherenfleisch gilt als Delikatesse. Kommt man nicht an Taschenkrebse, kann man dieses Gericht auch alternativ mit Garnelen zubereiten.

FEINE KNOBLAUCHGARNELEN

1 Die Riesengarnelen waschen, trocknen und in sehr heißem Sesamöl ca. 40–50 Sekunden frittieren, bis sie schön rot sind. Herausnehmen und auf Küchenpapier abtropfen lassen.

2 Die Knoblauchzehen schälen und fein hacken. Die Chilischoten halbieren, entkernen und die Schoten unter fließendem kalten Wasser waschen. In feine Ringe schneiden.

3 Die Frühlingszwiebeln putzen, waschen, in Ringe schneiden und mit den Chiliwürfeln und den Knoblauchzehen mischen. Mit Zitronenpfeffer würzen.

4 Den Ingwer fein hacken und zu der Zwiebel-Knoblauch-Mischung geben.

5 Das Erdnussöl im Wok erhitzen und die Gemüsemischung darin unter Rühren ca. 3–4 Minuten braten.

6 Die Riesengarnelen dazugeben und 1–2 Minuten durchrühren. Alles anrichten und mit Limetten garniert servieren.

FÜR 4 PORTIONEN:

900–1000 g Riesengarnelenschwänze, roh in der Schale

Sesamöl zum Frittieren

10 Knoblauchzehen

3–4 rote Chilischoten

1 Bund Frühlingszwiebeln

Zitronenpfeffer

100 g süß-sauer eingelegter Ingwer

2 El Erdnussöl

ZUBEREITUNGSZEIT:
ca. 35 Minuten
499 kcal/2097 kJ

PRAWNS MAHARADSCHA

FÜR 4 PORTIONEN

800 g küchenfertige
Garnelen

9 Knoblauchzehen

1 Stück frisch geriebener
Ingwer (ca. 7 cm)

4 Tl Tamarindenpaste

½ Tl Kurkuma

½ Tl Zucker

Salz

Chilipulver

Pflanzenöl

2 frische grüne Chilischoten

375 ml Kokosmilch

ZUBEREITUNGSZEIT:
ca. 20 Minuten
(plus Zeit zum Ziehen)
250 kcal/1050 kJ

1 Garnelen entdarmen, waschen, abtrocknen, 4 geschälte Knoblauchzehen dazupressen. Mit Ingwer, Tamarinde, Kurkuma, Zucker, 1 Tl Salz und etwas Chilipulver vermischen. 10 Minuten ziehen lassen.

2 Chilischoten putzen, halbieren, waschen, entkernen und klein schneiden.

3 5 geschälte und zerdrückte Knoblauchzehen in etwas Öl unter Rühren goldgelb braten. Garnelenmischung dazugeben und 1 Minute rührbraten.

4 Kokosmilch und Chilischoten in den Wok geben. Alles aufkochen, mit Salz abschmecken und heiß mit Reis servieren.

MUSCHELN MIT ZITRONENGRAS

1 Muscheln sauber bürsten und den Bart entfernen. Geöffnete Muscheln wegwerfen.

2 Die Muscheln in Wasser 10 Minuten kochen, abtropfen lassen und auslösen. Muscheln, die sich nicht geöffnet haben, entfernen.

3 Zwiebel und Knoblauch schälen und hacken. Zitronengras ebenfalls hacken. Chilischoten halbieren, entkernen, waschen und fein hacken.

4 Öl in einem Wok erhitzen. Zwiebel, Knoblauch, Zitronengras und Chili zugeben. Alles unter Rühren etwa 5 Minuten bei mittlerer Hitze anbraten.

5 Wein und Fischsauce zugeben und 3 Minuten kochen. Muscheln dazugeben, gut durchrühren und bei geringer Hitze zugedeckt 3–5 Minuten weiterkochen.

6 Vor dem Servieren mit Thai-Basilikum bestreuen und mit gedämpftem Reis servieren.

FÜR 4 PORTIONEN

1 kg kleine Miesmuscheln
1 El Öl
1 Zwiebel
4 Knoblauchzehen
2 Stängel Zitronengras
1–2 Tl rote Chilis
250 ml Weißwein
1 El Fischsauce
16 Blätter Thai-Basilikum

ZUBEREITUNGSZEIT:

ca. 40 Minuten
(plus Zeit zum Einweichen)
199 kcal/836 kJ

GEBRATENE MEERESFRÜCHTE

FÜR 4 PORTIONEN

800 g Meeresfrüchte (TK)

1–2 El Fünf-Gewürz-Pulver

1 Zweig Rosmarin

½ Bund Thymian

1 El Zitronensaft

1 El Kapern

20 g schwarze Oliven
ohne Stein

200 g getrocknete, in Öl
eingelegte Tomaten

4–5 El Erdnussöl

2–4 cl Grappa

Schnittlauchröllchen
zum Garnieren

ZUBEREITUNGSZEIT:

ca. 25 Minuten
409 kcal/1720 kJ

1 Die Meeresfrüchte nach Packungsanweisung auftauen lassen. Mit dem Fünf-Gewürz-Pulver bestreuen und ca. 5 Minuten ruhen lassen.

2 Die Kräuter waschen, trocknen, abzupfen und fein hacken. Die Kräuter mit dem Zitronensaft und den gut abgetropften Kapern verrühren. Die Oliven klein schneiden und dazugeben.

3 Die Tomaten auf ein Sieb geben und gut abtropfen lassen. Anschließend grob zerkleinern und ebenfalls zu der Kräutermischung geben.

4 Das Öl im Wok erhitzen und die Meeresfrüchte darin unter Rühren 3–4 Minuten braten. Herausnehmen und warm stellen.

5 Die Kräuter-Oliven-Tomaten-Mischung in dem verbliebenem Bratfett ca. 3–4 Minuten braten. Die Meeresfrüchte wieder dazugeben und 1 Minute erwärmen. Alles mit dem Grappa abschmecken, anrichten, eventuell mit etwas Schnittlauch bestreuen und servieren.

TIPP!

Dieses äußerst aromatische Gericht können Sie auch mit festfleischigem Fisch zubereiten. Dazu passt Reis und gedämpftes Gemüse.

RIESENGARNELEN MIT REISWEIN

1 Die Riesengarnelen unter fließendem Wasser gründlich abspülen, gut abtrocknen und mit Reiswein 30 Minuten marinieren.

2 Das Öl im Wok erhitzen, den geriebenen Palmzucker darin auflösen, die Austernsauce einrühren, die Chiliflakes zugeben und die Riesengarnelen rundherum scharf darin anbraten.

3 Die Marinade darübergießen, den Wok mit einem Deckel verschließen und die Riesengarnelen etwa 3–5 Minuten garen.

4 Die Riesengarnelen aus dem Wok nehmen und mit der Sauce beträufelt servieren.

FÜR 4 PORTIONEN

20 große Riesengarnelen in der Schale mit Kopf

200 ml Reiswein

6 El Pflanzenöl

1 Tl Palmzucker

4 El Austernsauce

1 Tl Chiliflakes

ZUBEREITUNGSZEIT:

ca. 15 Minuten
(plus Marinierzeit)
305 kcal/1276 kJ

GEBRATENE JAKOBSMUSCHELN

1 Jakobsmuscheln gründlich waschen, gut trocknen und mit Zitronenschale und Sesamöl 10 Minuten marinieren.

2 Die Frühlingszwiebeln waschen, putzen und schräg in 4 cm lange Stücke schneiden. Die Tomaten häuten, vierteln, entkernen und in Spalten schneiden.

3 Den geschälten Knoblauch und die entkernte Chilischote fein hacken.

4 Die Frühlingszwiebeln im Wok in der Hälfte des Öls anbraten, Tomaten, Ingwer, Knoblauch und Chili zugeben und weitere 3 Minuten braten. Mit Austern- und Fischsauce würzig abschmecken. Herausnehmen.

5 Restliches Öl im Wok erhitzen und die Jakobsmuscheln darin goldgelb braten. Mit den Frühlingszwiebeln auf Tellern anrichten.

FÜR 4 PORTIONEN

12 ausgelöste Jakobsmuscheln ohne Rogen

1 Msp. abgeriebene Zitronenschale

1 El geröstetes Sesamöl

1 Bund Frühlingszwiebeln

200 g Tomaten

1 Knoblauchzehe

1 rote Chilischote

4 El Sonnenblumenöl

1 Tl frisch geriebener Ingwer

2 El Austernsauce

2 El Fischsauce

ZUBEREITUNGSZEIT:
ca. 35 Minuten
(plus Marinierzeit)
142 kcal/593 kJ

FRITTIERTE GARNELENBÄLLCHEN

FÜR 4 PORTIONEN

250 g rohe Garnelen

40 g getrocknete Reis-Vermicelli

1 Ei

1 El Fischsauce (FP)

100 g Weizenmehl

3 Frühlingszwiebeln

1 rote Chili

½ Tl Bagung

Öl zum Frittieren

ZUBEREITUNGSZEIT:

ca. 20 Minuten
(plus Frittierzeit)
186 kcal/780 kJ

1 Garnelen schälen und Darm entfernen, anschließend Garnelen waschen und abtropfen lassen. Die Hälfte der Garnelen in die Küchenmaschine geben und pürieren. Die restlichen Garnelen klein hacken und mit dem Garnelenpüree gut vermischen.

2 Vermicelli in eine Schüssel geben, mit heißem Wasser bedecken und 1 Minute einweichen lassen. Das Wasser abgießen und die Vermicelli in kurze Stücke schneiden.

3 Ei mit etwa 150 ml Wasser und der Fischsauce verquirlen. Mehl in eine Schüssel geben, eine Vertiefung in die Mitte drücken und nach und nach die Eimischung hinzufügen und rühren, bis eine glatte Masse entsteht.

4 Frühlingszwiebeln putzen, waschen und klein hacken. Chili putzen, waschen und halbieren, den Stielansatz und die Kerne entfernen und die Schote klein hacken.

5 Garnelenmischung, Bagung, Frühlingszwiebeln, Chili und Vermicelli hinzufügen und vermischen.

6 Öl stark erhitzen. Garnelenmischung esslöffelweise in den Topf geben und 3 Minuten frittieren, bis die Bällchen knusprig und goldbraun sind. Herausnehmen und auf Küchenpapier abtropfen lassen.

TIGER PRAWNS

1 Den Hummerfond erhitzen und die Bohnen darin ca. 30 Minuten einweichen. Die Prawns waschen und trocknen.

2 Austernsauce mit Fischsauce verrühren und die zerbröselten Anchovis unterrühren. Sojasauce und Chilisauce ebenfalls unterrühren. Die Prawns darin ca. 30 Minuten marinieren lassen.

3 Die Pilze putzen, waschen und in Stücke schneiden. Die Habaneros waschen, längs halbieren, entkernen und in Stücke schneiden. Die Schlangenbohnen putzen, waschen und klein schneiden. Die Bittergurke putzen, waschen und in Scheiben schneiden.

4 Das Sesamöl erhitzen und das Gemüse darin andünsten. Die Currypaste und die Kokoscreme unterrühren. Mit Salz und Pfeffer würzen.

5 Das Erdnussöl in einem Wok erhitzen und die Prawns darin ca. 4 Minuten braten. Die Sesamsaat dazugeben. Die Prawns mit dem Gemüse auf Tellern anrichten und servieren.

FÜR 4 PORTIONEN

125 ml Hummerfond

4 El fermentierte schwarze Bohnen

750 g rohe, ungeschälte Tiger-Prawns

7 El Austernsauce

2 El Fischsauce

2 getrocknete Anchovis

5 El helle Sojasauce

2 El Chilisauce

300 g Shiitake-Pilze

2 rot-gelbe Habaneros

300 g Schlangenbohnen

1 Bittergurke

5 El Sesamöl

2 El rote Currypaste

3 El Kokoscreme

Salz, Pfeffer

4 El Erdnussöl

3 El Sesamsaat

ZUBEREITUNGSZEIT:

ca. 20 Minuten
(plus Marinier- und Einweichzeit)
531 kcal/2231 kJ

BUNTE CALAMARI

1 Das Pfannengemüse etwas antauen lassen. Die Wasserkastanien, die Bambussprossen und die Palmherzen auf ein Sieb geben und gut abtropfen lassen. Alles in feine Scheiben schneiden.

2 Das Öl im Wok erhitzen und das gesamte Gemüse unter Rühren ca. 4–5 Minuten darin braten. Mit den Gewürzen, Salz und Pfeffer abschmecken.

3 Die Tintenfische waschen, trocknen, dazugeben und weitere 3–4 Minuten unter Rühren braten. Das Koriandergrün waschen, trocknen und die Blättchen abzupfen.

4 Die Calamari auf Tellern anrichten und mit Koriandergrün bestreut servieren.

FÜR 4 PORTIONEN

500 g chinesisches
Pfannengemüse (TK)

100 g Wasserkastanien
aus der Dose

100 g Bambussprossen
aus der Dose

100 g Palmherzen
aus der Dose

6–7 El Sesamöl

Ingwer-, Knoblauch- und
Zwiebelpulver

Salz

Pfeffer

500 g Mini-Tintenfische

½ Bund Koriandergrün

ZUBEREITUNGSZEIT:
ca. 30 Minuten
304 kcal/1276 kJ

GARNELEN IM KRISTALLMANTEL

FÜR 4 PORTIONEN

600 g Garnelen
4 Frühlingszwiebeln
2 Tl Salz
1 ½ El Stärke
1 Eiweiß
125 g Zuckererbsen
1 kleine rote Paprika
1 El Austernsauce
1 El Reiswein
1 Tl Sesamöl
Öl zum Frittieren
½ Tl Knoblauch
½ Tl geriebener
frischer Ingwer

ZUBEREITUNGSZEIT:

ca. 25 Minuten
(plus Marinierzeit)
202 kcal/848 kJ

1 Garnelen schälen und entdarmen. Köpfe und Schalen in einen Topf mit Wasser geben. Frühlingszwiebeln putzen, waschen und klein geschnitten hinzugeben. Aufkochen und offen 15 Minuten köcheln lassen. Durchsieben, 125 ml Flüssigkeit auffangen und beiseitestellen.

2 Garnelen mit 1 Tl Salz 1 Minute kräftig durchrühren und anschließend mit kaltem Wasser abspülen. Den Vorgang zweimal wiederholen, jeweils ½ Tl Salz verwenden. Danach gründlich abspülen und abtrocknen.

3 1 El Stärke mit dem geschlagenen Eiweiß vermischen, Garnelen zugedeckt 30 Minuten darin ziehen lassen.

4 Erbsen waschen. Paprika putzen, waschen und halbieren. Den Stielansatz und die Kerne entfernen und die Schote in schmale Streifen schneiden.

5 Für die Sauce Garnelen-Flüssigkeit mit Austernsauce, Reiswein, restlicher Stärke und Sesamöl vermischen.

6 Öl erhitzen, Garnelen darin 1–2 Minuten frittieren und herausnehmen. Auf Küchenpapier abtropfen lassen und warm halten.

7 Öl bis auf etwa 2 El abgießen. Knoblauch schälen und dazupressen, Ingwer zugeben und 30 Sekunden unter Rühren braten. Erbsen und Paprika 2 Minuten unter Rühren mitbraten. Angerührte Saucenwürze unterrühren und aufkochen. Zum Schluss die Garnelen unterheben und servieren.

KREBSE MIT ARTISCHOCKEN

1 Die Krebse nach Packungsanweisung auftauen lassen. Die Schwänze ab- und aufbrechen und das Fleisch herauslösen. Das Krebsfleisch in Stücke schneiden.

2 Die Knoblauchzehen und die Schalotten schälen und in feine Würfel schneiden. Beides mit dem Krebsfleisch mischen und mit den Gewürzen und der Chilisauce kräftig abschmecken.

3 Das Öl im Wok erhitzen und die Krebsmischung darin unter Rühren 3–4 Minuten braten.

4 Die Artischockenböden in ein Sieb geben und gut abtropfen lassen. Die Böden in kleine Würfel schneiden und zusammen mit dem Asiafond in den Wok geben. Mit der Krebsmischung bei milder Hitze ca. 1–2 Minuten schmoren lassen.

5 Das Stärkemehl mit etwas kaltem Wasser anrühren und die Krebs-Artischocken-Mischung damit andicken. Die Krebse mit den Artischocken auf Gurkenscheiben anrichten und servieren.

FÜR 4 PORTIONEN

1–1 ½ kg Flusskrebse
(TK, gekocht in der Schale)

2 Knoblauchzehen

4 Schalotten

Koriander-, Kreuzkümmel-
und Ingwerpulver

1 El Chilisauce

4–5 El Sesamöl

300–400 g Artischocken-
böden aus der Dose

125 ml Asiafond (FP)

etwas Stärkemehl

Gurkenscheiben zum
Anrichten

ZUBEREITUNGSZEIT:
ca. 30 Minuten
427 kcal/1793 kJ

FEINE JAKOBSMUSCHELN MIT TOMATEN

FÜR 4 PORTIONEN

1 Bund Frühlingszwiebeln

2 Knoblauchzehen

3 Fleischtomaten

4–5 El Sesamöl

Salz

Pfeffer

Zucker

500 g ausgelöstes
Jakobsmuschelfleisch

100 g Champignons
aus der Dose

2 cl Sherry

1 El Sojasauce

1 Zitrone

ZUBEREITUNGSZEIT:

ca. 20 Minuten
468 kcal/1966 kJ

1 Die Frühlingszwiebeln putzen, waschen, trocknen und in feine Ringe schneiden. Die Knoblauchzehen schälen und fein hacken.

2 Die Tomaten kreuzweise einritzen, kurz in kochendes Wasser tauchen, mit kaltem Wasser abschrecken und die Haut abziehen. In feine Würfel schneiden.

3 Das Öl im Wok erhitzen und die Frühlingszwiebeln mit dem Knoblauch und den Tomatenwürfeln darin unter Rühren 2–3 Minuten braten. Alles mit Salz, Pfeffer und einer Prise Zucker würzen.

4 Die Muscheln waschen, trocknen und halbieren. Die Champignons auf ein Sieb geben und gut abtropfen lassen. Anschließend halbieren.

5 Die Muscheln zusammen mit den Champignons zum Gemüse geben und unter Rühren 1 Minute braten. Den Sherry und die Sojasauce dazugeben, aufkochen lassen und alles eventuell noch mit Salz und Pfeffer nachwürzen.

6 Die Jakobsmuscheln mit Zitronenscheiben anrichten und mit Reis servieren.

SÜSSES

Der süße Abschluss eines asiatischen Menüs lässt sich problemlos im Wok zubereiten. Von gedämpften Obst Wan-Tans bis zu frittierter Ananas, von gebackenen Bananen bis zu süßen Batatebällchen reicht die kleine Auswahl fruchtiger Süßspeisen, die wir in diesem Kapitel zusammengetragen haben.

GEDÄMPFTE OBST-WAN-TANS

FÜR 4 PORTIONEN

125 g Mehl
1 ½ El Zucker
½ Tl Schmalz
1 Apfel
1 Birne
1 El Zitronensaft
4 Pfirsichhälften
aus der Dose
1 Babyananas
2–3 El Honig
1–2 El Zimtzucker
2–3 El gemahlene Mandeln
Zitronenmelisse zum
Garnieren

ZUBEREITUNGSZEIT:
ca. 35 Minuten
330 kcal/1389 kJ

1 Das Mehl in eine Schüssel sieben. ½ El Zucker dazugeben. 50 ml Wasser leicht erwärmen und zusammen mit dem Schmalz unterrühren.

2 Alles zu einem einheitlichen Teig verkneten. Den Teig auf einer bemehlten Arbeitsfläche hauchdünn ausrollen und anschließend in 12 gleich große Quadrate schneiden.

3 Den Apfel und die Birne schälen, entkernen und fein raspeln. Sofort mit dem Zitronensaft beträufeln.

4 Die Pfirsiche in ein Sieb geben, gut abtropfen lassen und in kleine Würfel schneiden. Die Ananas schälen, den Strunk entfernen und ebenfalls in kleine Würfel schneiden.

5 Den Honig mit dem Zimtzucker und den gemahlenen Mandeln verrühren. Das Obst dazugeben und die Mischung in die Mitte der Teigquadrate geben. Die vier Ecken hochnehmen und oben zusammendrehen.

6 Die Wan Tans in ein Dämpfkörbchen setzen. Ausreichend Wasser mit dem restlichen Zucker im Wok zum Kochen bringen.

7 Die Körbchen hineinsetzen und zugedeckt bei milder Hitze ca. 10–12 Minuten garen. Die Wan Tans auf Tellern anrichten und mit Zitronenmelisse garniert servieren.

TIPP!

Sie können bei der Obstwahl natürlich experimentieren. Probieren Sie zum Beispiel einmal reifes Mangofruchtfleisch. Schmeckt vorzüglich!

GEBACKENE ANANAS

FÜR 4 PORTIONEN

4 Baby-Ananas
2 Zimtstangen (à ca. 5 cm)
1 El Sternanis
1 frisches Stück Ingwer
(2 cm)
125 ml Batida de Coco
(Kokosnuss-Likör)
125 ml Mineralwasser
3 El Walnuss-Öl
180 g Weizenmehl
2 El Honig
1 El Backpulver
Öl zum Frittieren
Zitronemelisse und Ananas-
Stückchen zum Garnieren

ZUBEREITUNGSZEIT:

ca. 50 Minuten
(plus Kühl- und Ruhezeit)
646 kcal/2715 kJ

1 Die Baby-Ananas waschen schälen und dabei das Grün stehen lassen. Anschließend die Frucht in Viertel schneiden.

2 Die Zimtstangen mit dem Sternanis im Mörser zerstoßen. Den Ingwer schälen, fein hacken und zu den Gewürzen geben. Alles noch einmal zusammen zerstoßen. Die Ananas mit den Gewürzen bestreuen und ca. 15 Minuten kalt stellen.

3 Inzwischen den Kokosnuss-Likör mit Mineralwasser, Walnuss-Öl und Weizenmehl in eine Schüssel geben und verrühren. Den Honig und das Backpulver unterrühren und anschließend den Teig ca. 10 Minuten ruhen lassen.

4 Die Ananasviertel in den Teig tauchen und etwas abtropfen lassen. Das Öl im Wok erhitzen und die Ananas darin goldbraun ausbacken. Anschließend die Ananas auf Tellern anrichten und mit Zitronenmelisse und Ananasstücken garniert servieren.

GEBACKENE BANANEN

1 Das Mehl mit der Kokosnussmilch und 1 Prise Salz in eine Schüssel geben und zu einem glatten Teig verrühren. Die Butter zerlassen und gleichmäßig unter den Teig rühren.

2 Die Bananen schälen und der Länge nach halbieren, anschließend in der Mitte durchschneiden.

3 Etwas Butter in einer Pfanne aufschäumen lassen. Die Bananenstücke nacheinander durch den Teig ziehen und in der heißen Butter goldgelb braten.

FÜR 4 PORTIONEN

100 g Reismehl

150 ml Kokosnussmilch

Salz

40 g Butter

5 nicht zu reife Bananen

Butter zum Braten

ZUBEREITUNGSZEIT:
ca. 10 Minuten
(plus Backzeit)
338 kcal/1418 kJ

GEBACKENE ZIMTÄPFEL

FÜR 4 PORTIONEN

2–3 Äpfel

2–3 El Zitronensaft

1–2 El Zimtzucker

6 El Weizenvollkornmehl

2 Eier

1 Prise Salz

1–2 El Sesamsaat

Erdnussöl zum Ausbacken

150 g Schmand oder
5–6 El Ahornsirup

ZUBEREITUNGSZEIT:
ca. 35 Minuten
437 kcal/1835 kJ

1 Die Äpfel schälen, das Kerngehäuse ausstechen und die Äpfel in ca. 2 cm dicke Ringe schneiden. Sofort mit dem Zitronensaft beträufeln.

2 Die Apfelringe anschließend mit dem Zimtzucker bestreuen und 5–6 Minuten durchziehen lassen.

3 Für den Teig das Mehl mit den Eiern, dem Salz und der Sesamsaat verrühren.

4 Ausreichend Erdnussöl im Wok erhitzen. Die Apfelscheiben durch den Teig ziehen und portionsweise im heißen Fett ausbacken.

5 Die Apfelscheiben entweder mit glatt gerührtem Schmand oder mit Ahornsirup anrichten und servieren.

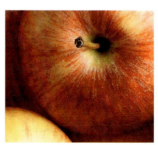

BATATE-MOHN-BÄLLCHEN

FÜR 4 PORTIONEN

500 g Bataten aus der Dose

3–4 El Mohnsaat

1 El Vollkornmehl

1–2 El Rohrzucker

1–2 Eier

Ingwer-, Kardamom-
und Nelkenpulver

einige Tropfen Vanille-Aroma

100 g Kokosfett zum
Ausbacken

Puderzucker zum Bestäuben

ZUBEREITUNGSZEIT:
ca. 35 Minuten
522 kcal/2192 kJ

1 Die Bataten in ein Sieb geben und gut abtropfen lassen. Anschließend mit einer Gabel zerdrücken.

2 Den Mohn, das Mehl und den Zucker unterrühren. Die Eier verquirlen und ebenfalls zu der Batatenmasse geben. Die Masse mit den Gewürzen abschmecken und zu kleinen Bällchen formen.

3 Das Kokosfett im Wok erhitzen und die Bällchen goldgelb darin ausbacken. Auf Küchenpapier abtropfen lassen und mit Puderzucker bestreut servieren.

DATTELBÄLLCHEN

1 Milch und 125 ml Wasser erwärmen, Hefe hineinbröckeln und Zucker und Salz zugeben. Den Teig 10 Minuten abgedeckt gehen lassen. Dann das Weizenmehl in eine Schüssel sieben, in die Mitte eine Mulde drücken und den Vorteig sowie das Sesamöl hineingeben. Alles zu einem glatten Teig verarbeiten und 1 Stunde gehen lassen. Danach erneut durchkneten und weitere 30 Minuten gehen lassen.

2 Inzwischen Datteln und Ingwernüsse hacken. Die Butter in einer Pfanne schmelzen und die Datteln darin andünsten, Mandeln und Ingwernüsse zugeben und 2 Minuten mitdünsten. Pflaumenwein, Honig, Zimt und Kardamom unterrühren.

3 Aus dem Hefeteig kleine Bällchen formen und je etwas Dattelmasse hineingeben. Kokosfett in einem Wok erhitzen und die Dattelbällchen darin goldbraun ausbacken. Mit Zucker bestreuen und abkühlen lassen.

FÜR 4 PORTIONEN

125 ml Milch, 1 Päckchen frische Hefe, 1 El Zucker, 1 Prise Salz

400 g Weizenmehl

1 El Sesamöl

100 g entsteinte Datteln

4 Ingwernüsse

2 El Butter

100 gehackte Mandeln

4 cl Pflaumenwein, 3 El Honig, 1 Tl Zimt, ½ Tl Kardamom

Kokosfett zum Ausbacken

Zucker zum Bestreuen

ZUBEREITUNGSZEIT:

30 Minuten (plus Zeit zum Gehen, plus Ausbackzeit) Pro Portion ca. 640 kcal/2688 kJ

TIPP!

Datteln sind sehr süß und können Zucker ersetzen. Besonders getrocknete Datteln enthalten sehr viele Nährstoffe, wie Kalium, Eisen oder Magnesium. In Indien werden Datteln gerne zur Herstellung von Chutneys und Currygerichten verwendet.

249

BANANENCHIPS

FÜR 4 PORTIONEN

100 g brauner Rohrzucker

Je 1–2 Tl Orangen- und
Zitronenschalenaroma

50 g gemahlene
ungesalzene Erdnüsse

10 Bananen

2–3 El Zitronensaft

100 g Kokosfett
zum Ausbacken

ZUBEREITUNGSZEIT:
ca. 35 Minuten
624 kcal/2620 kJ

1 Den Zucker mit dem Orangen- und Zitronenschalenaroma und den Erdnüssen mischen.

2 Die Bananen schälen und längs in Scheiben schneiden. Sofort mit Zitronensaft beträufeln.

3 Das Kokosfett im Wok erhitzen. Die Bananenscheiben in der Zuckermischung wenden und portionsweise in dem heißem Kokosfett ausbacken.

4 Die Bananenchips herausnehmen und auf einem Kuchengitter auskühlen lassen. Dabei aufpassen, dass die Chips nicht zusammenkleben.

KOKOS-FRUCHT-OMELETTS

FÜR 4 PORTIONEN

4 Sharonfrüchte
2 Kiwis
2 Guaven
2–3 El brauner Zucker
100 g Kokosnusscreme
100 g Kokosflocken
4–6 Eier
etwas Mineralwasser
2–3 El Kokosfett
zum Braten

ZUBEREITUNGSZEIT:
ca. 30 Minuten
404 kcal/1696 kJ

1 Die Sharonfrüchte von den Stielansätzen befreien und die Schale abziehen. Die Früchte in Würfel schneiden.

2 Die Kiwis und die Guaven schälen und in feine Würfel schneiden. Das Obst mit dem Zucker, der Kokosnusscreme und den Kokosflocken mischen.

3 Die Eier 2–3 Minuten schaumig schlagen und etwas Mineralwasser unterrühren.

4 Das Fett erhitzen und portionsweise aus dem Teig dünne Omeletts ausbacken. Die Omeletts auf Küchenpapier abtropfen lassen, das Obst darauf verteilen, zusammenklappen, anrichten und servieren.

KOKOSKUCHEN MIT CASSAVE

FÜR 4 PORTIONEN

1 kg frische oder
TK-Cassavewurzeln (Maniok)
2 El Butter
1 Ei
Salz
200 g Zucker
350 ml Kokosmilch
(ungesüßt)

ZUBEREITUNGSZEIT:
20 Minuten
(plus Schmor- und Backzeit)
Pro Stück
ca. 263 kcal/1106 kJ

1 Den Backofen auf 225 °C (Umluft 200 °C) vorheizen. Die Cassavewurzeln schälen, faserige Schicht entfernen und fein raspeln. Tiefgekühlte Cassave auftauen lassen und raspeln. Die Raspel in einer Schüssel gut ausdrücken.

2 Eine Backform (25 x 30 cm) mit der Butter einfetten. Das Ei mit etwas Salz schaumig schlagen und den Zucker unterheben. Dann Kokosmilch und Cassaveraspeln zufügen und alles gut vermischen.

3 Den Cassaveteig in einen Wok geben und etwa 5 Minuten bei mittlerer Temperatur schmoren, bis die Masse zäh und glasig geworden ist. Dabei ständig rühren.

4 Die Masse in die Backform geben und glatt streichen. Im Ofen etwa 45 Minuten backen. Dann den Kuchen aus dem Ofen nehmen und abkühlen lassen. In Stücke schneiden und servieren.

REZEPTVERZEICHNIS